우리 아이
첫 영어 공부

하루 20분, 영알못 엄마를 위한

우리 아이

첫

A

c

영어 공부

프롤로그

아이는 태어나는 순간부터
배우기 시작합니다

"그저 건강하게만 자라다오."

소중한 아이가 태어나는 순간 엄마들은 이런 생각을 합니다. 학창 시절, 치열했던 학습 구조에 지친 경험이 있는 엄마라면 더욱 아이가 자연에서 뛰어놀며 행복하게 자라기를 바라는 마음뿐이죠.

저도 같은 마음이었습니다. 제 아이들이 산과 들과 바다에서 마음껏 뛰어놀며 누구보다 행복한 어린 시절을 보내기를 원했습니다. 그리고 아이가 한 살, 한 살 성장하면서 저의 고민도 조금씩 자라기 시작했어요. 이제 슬슬 학습을 시작해야 하는 건 아닐까, 주변의 또래 아이들은 지금 무엇을 배울까, 또 어느 정도 학습을 시켜야 할까. 아이에게 행복한 유아기를 주고 싶은 마음 한켠에는 학습에 대한 부담감, 그리고 '학습은 힘든 것'이라는 저만의 선입견이 있었습니다. 그렇게 학습을 시작하지 못한 채 시간만 흘려 보냈어요.

아이는 태어나는 순간부터 배우기 시작한다고 합니다. '잠을 자거나, 배우고 있거나 둘 중 하나'라고 할 만큼 깨어 있는 모든 순간이 배우는 상태라고 하지요. 태어나는 순간부터 엄마 배 속에 있을 때 들었던 모국어와 외국어를 구분할 수 있다는 내용이 미국 뉴욕타임스에 소개되기도 했습니다.

저는 어느 날 문득 제 스스로 정답도 없는 고민을 하느라 이미 배울 준비가 된 아이들에게 아무것도 가르쳐 주지 않는 것은 아닐까 하는 생각이 들었어요. 결국 '아이는 항상 배울 수 있는 존재다.'라는 믿음을 갖고 아이의 속도에 맞춘 엄마표 학습을 시작하게 되었습니다.

그렇게 시작한 엄마표 영어로 두 아이 모두 6세가 되었을 무렵, 우리나라 초등학교 수준의 한글책과 미국 초등학교 수준의 영어책을 읽을 수 있게 되었고, 한글과 영어로 일기를 쓸 수 있게 되었습니다. '이렇게 영어를 즐겁게 배울 수 있다는 것을 진작 알았다면 오래 고민하지 않고 시작했을 텐데.'라는 진한 아쉬움을 느꼈지요.

저는 엄마로 사는 것이 정말 행복합니다. 하지만 제가 다니던 회사를 그만두고 첫 아이 육아를 시작했을 때는 그렇지 않았어요. 집에서 아이를 돌보면서 매일 구직 사이트를 검색했고 이력서를 보냈지요. 제가 제 삶에 만족하지 못하던 시절이었습니다. 그 무렵 성경에서 '작은 일에 충성된 사람이 더 큰 일을 해낼 수 있다.'는 말씀을 읽었습니다. 당시 저에게 있어 작지만 소중한 일은 하루 20분의 엄마표 학습이었어요. 그때부터 제가 실천하는 엄마표 학습을 인스타그램(@playallday_365)에 차곡차곡 기록해 왔고, 그 순간들이 모여 이렇게 한 권의 책으로 나오게 되었습니다.

섬에 살고 있어 주변에 아이를 보낼 학원이 없는 엄마, 아이가 몸이 약해 학원에 보낼 수 없는 엄마, 해외에 살며 엄마표로 아이의 학습을 돕고 싶은 엄마 등 다양한 사정이 있는 엄마들이 저에게 따로 연락을 주셔서 도움을 받았다고 했을 때가 기억납니다. 정말 보람있었고, 뿌듯했고, 감사했습니다.

더 많은 분께 도움을 드리고 싶어 제 경험과 노하우를 부지런히 엮었습니다. 저와 제 아이들의 이야기가 이 책을 읽는 여러분과 여러분의 아이들에게 작은 도움이 되기를 진심으로 바랍니다.

2023년 4월
안세옥

차례

1장

엄마가
줄 수 있는 선물,
영어

주변의 지지 없이 시작한 엄마표 영어

5년 전, 제가 처음 아이들에게 엄마표 영어를 하겠다고 했을 때, 남편의 반응은 긍정적이지 않았습니다. 남편은 아이가 나중에 커서도 충분히 영어를 배울 수 있다고 생각했기 때문입니다. 남편을 포함한 많은 주변 분들도 긍정적이지 않았어요. 대부분 이런 반응이었지요.

"왜 애 힘들게 영어를 가르치려고 해요?"

"꼭 아이가 어릴 때 영어를 가르칠 필요는 없어요."

"우리말이나 제대로 가르치세요."

그 누구도 저에게 어릴 때부터 아이에게 영어를 가르치라고 한 사람은 없었습니다. 부모보다 자녀 교육에 책임감을 느끼는 사람은 없으니, 안 해도 된다는 말에 솔깃해지기도 했고요.

그럼에도 저는 혼자 엄마표 영어를 결심하고 시작하게 되었습니다. 그리고 몇 년 뒤, 아이들은 영어권 국가에 사는 초등학생이 읽는 책을 술술 읽고, 영어로 일기를 쓰는 등 눈에 보이는 결과를 보이기 시작했습니다. 남편은 엄마표 영어로 이 정도의 영어 성장을 기대하지 못했다면서 그동안의 수고에 대해 저에게 고마움을 표해 주었습니다. 그리고 이제는 주말마다 아빠표 영어 시간을 만들어 꼭 지킬 만큼 누구보다 든든한 엄마표 영어의 지지자가 되었습니다.

많은 사람들이 엄마표 영어에 대해서 가지고 있는 부정적인 시각 중 대표적인 것들만 추려 보았습니다. 그리고 그에 대한 저의 의견도 함께 정리해 봤어요.

1. "왜 애 힘들게 영어를 가르치려고 해요?"

아이가 태어나서 처음으로 우리말을 배울 때는 힘들게 배우지 않습니다. 우리말을 어느새 자연스럽게 할 수 있게 되지요. 영어도 마찬가지입니다. 영유아기의 아이에게는 영어를 배우는 것과 우리말을 배우는 것에 들이는 노력이 비슷합니다. 오히려 영유아기 아이들은 힘들지 않게, 본인이 영어를 공부한다는 것도 모른 채 영어를 습득할 수 있습니다. 태어나 살다 보니 우리말을 할 수 있게 되는 것처럼, 영어도 영유아기에 시작하면 훨씬 수월하게 배울 수 있어요. 오히려 영유아기가 지난 뒤에 영어를 공부로 인식하며 배우는 과정이 더 힘듭니다. 아이가 유아기에 쉽게 습득한 영어로 마음껏 재미있는 책과 영상을 즐기고, 영어로 인한 제약 없이 누구와도 의사소통을 할 수 있는 재미를 누리기를 바라는 마음으로 하는 것이 엄마표 영어입니다.

2. "꼭 아이가 어릴 때 영어를 가르칠 필요는 없어요."

아이들이 어릴 때 영어를 가르치면 좋습니다. 같은 연령대의 영어권 국가 아이들이 배우는 수준의 영어를 배워야, 그 연령대의 눈높이에 맞춰진 영어 영상과 영어책을 즐길 수 있기 때문입니다.

다시 말해, 아이가 유치원생일 때 영어권 국가의 유치원생 수준의 영어를 구사해야 유치원 아이 눈높이에 맞는 영어 영상과 영어책을 볼 수 있습니다. 아이가 초등학생일 때 영어권 국가의 초등학생 수준의 영어를 구사해야 초등학생의 취향에 맞는 영어 영상과 영어책을 볼 수 있지요.

이것은 아이가 영어에 흥미를 갖게 되는 부분에도 큰 영향을 미칩니다. 예를 들어 초등학생이 되어서 영어를 처음 시작하면, 영어권 국가의 영유아가 보는 책과 영상으로 영어를 접하게 됩니다. 자신의 나이에 맞지 않는 내용의 책과 영상이니, 영어를 재미있게 즐기며 습득하는 데 한계가 있죠. 어릴 때 우리말을 배우듯 영어를 배우면 자신의 취향에 맞는 책과 영상을 보며 영어에 대한 흥미를 키울 수 있어요.

3. "우리말이나 제대로 가르치세요."

영유아기 아이에게 영어를 가르치는 엄마 중에 우리말을 중요하지 않게 생각하는 사람은 없을 겁니다. 저 역시 아이가 태어난 날부터 아이에게 우리말을 가르쳐 주기 시작했어요. 영유아기 아이에게 영어를 가르친다고 해서 우리말 가르치기를 등한시하는 것은 아닌데, 그렇게 여기는 시선도 제법 있습니다.

아이가 높은 수준의 영어를 구사할 수 있는 능력을 갖추는 일에 모든 부모가 다 가치를 두고 공감한다고 생각하지는 않습니다. 다만, 영유아기의 아이에게 영어를 가르쳐야 할지를 진지하게 고민하는 부모라면, 저의 경험이 분명 도움이 되실 겁니다. 영유아기에 영어를 배운 아이가 얻을 수 있는 효과는 다음과 같습니다.

영유아기에 영어를 배운 아이가
누릴 수 있는 것

1. 전 세계 베스트셀러 영어책을 즐길 수 있습니다. 아이가 읽고 싶어 하는 책이 우리말로 번역되어 있지 않아서 읽지 못하는 아쉬움이 없어요.

2. 아이가 영어로 된 수많은 교육적인 영상과 영화 등을 이해하며 볼 수 있습니다. 우리말 자막이나 더빙이 있어야만 볼 수 있다는 한계가 없어지는 거예요.

3. 아이가 갑자기 영어로 듣고 말해야 하는 상황에 놓이더라도 당황하지 않습니다. 상대방이 하는 말을 듣고 이해할 수 있고, 아이도 아이가 하고 싶은 말을 할 수 있습니다.

4. 아이가 초등학교에 입학했을 때, 영어를 비롯한 모든 수업 시간에 자신감을 가지고 임하게 됩니다. 영어라는 과목에서 얻는 학습 자신감이 밑바탕이 되어 줍니다.

"두 가지의 언어를 아는 것은 두 개의 영혼을 갖는 것과 같다."는 말이 있습니다. 하나의 언어를 더 할 줄 아는 능력이 한 사람의 생각과 삶의 지경을 얼마나 넓혀주는지 알려주는 말입니다. 아이의 영어 교육에 필요성을 느낀다면 시작하세요. 주변의 지지가 없어도 괜찮습니다. 부모가 잠시 고민하는 동안 아이의 소중한 시기는 지나갑니다.

비전문가 엄마도 엄마표 영어에 성공할 수 있는 이유

집에서 영어 노출을 시작한 지 1~2년쯤 지났을 때였어요. 제 아이들은 제가 한 번도 알려준 적 없는 영어 단어와 표현을 말하기 시작했습니다. 예를 들어볼게요.

어느 날 두 아이가 놀고 있는 방 안에서 "I wouldn't budge this time!(이번엔 내가 물러서지 않을 거야.)"라고 하는 소리가 들려왔습니다. 제가 가르친 적도 없는 새로운 표현이었지요. 아이들은 책에서 읽은 표현이라고 했어요. 또 어느 날은 목욕 놀이를 하던 아이들이 "You are so dramatic.(너 정말 호들갑스럽다.)"라고 하는 소리를 들었습니다. 이건 전날 본 애니메이션에서 나왔던 표현이라고 하더군요. 한 번은 저와 남편이 아이들이 원하는 대로 해 줄 수 없다고 하자 "Pretty please with sugar on top!"라고 했습니다. 그 표현이 생소했던 저와 남편은 실제로 그러한 표현이 있는지 찾아봤더니 무언가를 예쁘게 간절히 부탁할 때 사용하는 표현이라고 하더군요. 이외에도 아이들은 "It's stunning.", "I barely can~.", "I instantly~.", "Is it me or~?", "She's obsessed with~." 등 영상과 책을 통해서 자연스럽게 습득한 표현을 필요한 상황에서 적절히 사용하곤 했습니다.

당시만 하더라도 제 아이들은 단어의 뜻을 적어 두고 외우거나 따로 학습한 적이 없었습니다. 그저 책과 영상에서 나오는 소리를 듣고, 단어의 뜻을 유추하여 습득하는 정도였지요. 그런데 당연히 모를 거라고 생각했던 어려운 단어의 뜻도 슬쩍 물어보면 알고 있는 것이 많았습니다.

아이들에게 영어를 가르친 사람은 저뿐이었어요. 하지만 아이들에게 영어를 노출한 지 2~3년이 지나자 아이들의 영어 발음과 표현은 저보다 확실히 더 자연스러웠습니다.

엄마표 영어를 하는 아이들이 엄마보다 영어를 더 잘하게 되는 이유는 아주 단순합니다. 영어책과 영어 영상이 아이들에게 최고의 영어 선생님이 되어 주기 때문입니다. 영어책과 영어 영상은 가장 바른 문법, 정확한 스펠링, 원어민의 발음으로 영어를 가르쳐 주는 훌륭한 선생님이에요.

엄마표 영어에서 엄마가 하는 역할은, 아이가 좋아하는 영어책과 재미있어하는 영어 영상을 수준에 맞게 부지런히 찾아주는 거예요. 그러니 엄마표 영어에는 엄마의 유창한 영어 실력이 필요하지 않지요.

제가 아이들에게 영어책과 영어 영상을 찾아주며 느낀 것이 바로 이거였어요. 이제는 집에서 아이들이 가장 좋아하고 관심있는 주제의 책과 영상 등을 얼마든지 볼 수 있고, 엄마가 집에서 쉽게 영어 환경을 만들어 줄 수 있는 시대입니다.

엄마표 영어의 선생님은?

1. 영어책
2. 영어 영상
3. 영어 신문, 영어 잡지
4. 영어 교구, 영어 교재

엄마표 영어에서 엄마의 역할

1. 집에서만큼은 매일 영어가 들리고 보이는 영어 환경 만들기
2. 영어는 우리말과 같은 의사소통의 한 수단일뿐, 특별한 과

목이 아니라고 아이가 느낄 수 있게 도와주기

3. 아이가 영어를 배우는 과정을 즐겁게 느끼도록 도와주기

4. 아이가 영어를 할 줄 알게 되면 누릴 수 있는 것이 무엇인지 알려 주기

5. 아이가 일상에서 영어를 듣고, 읽고, 말하고, 쓸 수 있는 기회를 골고루 만들어 주기

6. 아이의 취향에 맞는 영어책, 영어 영상, 영어 교재를 찾아 주기

7. 아이의 영어 실력이 계속 늘 수 있도록 부족한 부분을 체크하고 채워 주기

유아기 5년으로 완성되는
평생 영어

아기들은 생후 약 6개월부터 타인의 소리를 모방하기 시작하고, 약 12개월이 지나면 단어를 입밖으로 내뱉기 시작합니다. 언어 학습은 유아기에 시작하는 것이 좋다는 연구가 많습니다. 미국의 언어학자 에릭 레너버그의 '언어 습득의 결정적 시기 이론'이 유명합니다. 이 이론에 따르면, 언어 발달에는 결정적 시기가 있으며 2세부터 사춘기까지의 기간에 적절한 언어 자극이 주어지지 않으면 언어를 습득할 수 없다고 합니다. 우리는 이 결정적 시기를 놓치지 않고 활용해야 합니다.

제가 영어 노출을 본격적으로 시작한 때는 첫째 아이

가 두 돌이 좀 지나서였고, 둘째 아이는 태어난 지 몇 개월이 안 되었을 때였어요. 영어 노래 듣고 따라 부르기, 영어책 읽어 주기와 같은 아주 가벼운 활동으로 시작했지요. 첫째가 세 돌이 지났을 때부터는 하루 10문장 정도씩 자연스럽게 영어로 말해 주기 시작했습니다. 첫째가 3~4세가 되었을 무렵부터는 알파벳과 파닉스를 가르쳐 주었어요. 그전에 영어 노래와 영어책에 어느 정도 노출되어 있던 상태라, 알파벳과 파닉스를 배울 준비가 되었다고 생각했거든요. 5세 때는 얼리챕터북을 스스로 읽더니, 6세 때는 영어권 국가의 초등학교 저학년 아이들이 읽는 챕터북을 읽을 수 있게 되었습니다. 그리고 8세가 되자 『로알드 달』 『해리 포터』를 영어로 읽을 정도가 되더군요.

여기에서 중요한 것은 바로 '아이가 영어를 습득하는 과정을 공부로 여기지 않았다'는 점이에요. 첫째 아이가 영어를 어디에서 배웠냐는 한 어른의 질문에 이렇게 답했어요.

"저는 영어를 공부한 적이 없어요. 엄마가 저에게 영어책을 읽어 주신 것뿐인데 언젠가부터 영어를 잘하게 되었어요. 저도 제가 영어를 어떻게 배웠는지 모르겠어요."

아이의 말처럼, 제가 영어책만 읽어 주었는데 아이 스스로 영어를 저절로 습득했을 리는 없습니다. 여기에는 부모의 다양한 노력이 있었고, 아이가 영어 교재를 푸는 시간도 있었으니까요. 그러나 아이는 그 모든 과정을 영어 공부라고 여기지 않았어요. 우리말을 배울 때와 마찬가지로 영어를 자연스럽게 접했기 때문입니다.

영어를 우리말처럼 자연스럽게 익힐 수 있는 영유아기를 놓치면, 영어를 모국어와 비슷한 방법으로 습득하기는 매우 어려워집니다. 영유아기가 지난 아이는 이미 우리말 능력이 상당히 발달한 상태이기 때문에, 영어로 책을 읽거나 영상을 보는 것을 불편하게 느끼게 돼요. 그리고 영어는 공부해야 하는 과목이 되어 버리지요. 그러니 아이가 영어를 가장 쉽게 배울 수 있는 영유아기를 놓치지 않는 것이 가장 좋습니다. 여기 저희 아이들의 영어 학습 순서가 담겨있는 로드맵을 소개합니다.

두 아이의 영어 학습 로드맵	
1단계	-매일 영어 노래 듣기 -매일 영어책 읽어 주기 -두 돌 이후부터 하루 10분~20분 영어 영상 시청 -단어 카드와 영어책으로 아는 단어 쌓기 -모든 영어 활동 시간을 합친 총 노출 시간을 하루 1~2시간씩 유지
2단계	-알파벳 배우기 -파닉스 규칙 배우기(파닉스 교재) -단어로 일기 쓰기 -매일 영어책 읽어 주기 -하루 30분 영어 영상 시청하기 -영어 노래 자주 듣기

3단계	-리더스북 스스로 읽는 연습하기 -한 문장으로 일기 쓰기 -매일 영어책 읽어 주기 -하루 30분 영어 영상 시청하기
4단계	-얼리챕터북 읽기 -3~5문장 일기 쓰기 -하루 30분 영어 영상 시청하기 -하루 30분 책 음원 듣기 -영어 신문 읽기 -일상 대화 영어로 하는 연습하기
5단계	-나니아 연대기, 해리 포터 등 AR 5점대 이상의 책 읽기 -AR 2~4점대 책 자유롭게 많이 읽기 -1쪽 영어 일기 쓰기 -영어 독후감 쓰기 -문법 학습하기 -단어 학습하기 -자신의 생각을 영어로 말하는 연습하기 -영상 시청 및 음원 듣기 유지하기

2장

자연스럽게
영어를
습득하는

환경
만들기

영어가 편해지기 위해
필요한 '노출 시간'

"무엇이든 1만 시간을 노력하면 그 분야를 정복할 수 있다."는 말콤 글래드웰의 1만 시간의 법칙을 들어본 적 있나요? 3년 동안 영어로만 1만 시간을 채우는 데 얼마나 걸리는지 계산을 해 봤더니 하루 9시간이 나오더군요.

아이가 매일 9시간 동안 영어에만 몰두하기는 현실적으로 불가능합니다. 아이들은 우리말을 배울 시간, 한글책을 읽을 시간도 필요하고, 친구들과 놀이터에서 놀고, 자연을 즐기며 여행할 시간도 필요합니다. 할 일 없이 조용한 공간에서 휴식하고 사색하는 시간도 필요하고요.

그래서 저는 현실적으로 실천 가능한 시간으로 다시

계산해 봤습니다. 1만 시간을 10년으로 나누니 약 2.7시간이 나오더군요. 매일 2.7시간의 영어 노출이 10년 동안 이루어지면, 영어를 정복할 수 있다는 말이 됩니다.

저는 이 법칙에 따라 아이들이 하루에 2시간씩 영어에 노출될 수 있도록 했습니다. 영아기에는 아무래도 영어 교재나 영어 영상을 활용하기 어렵습니다. 그래서 영아기에는 영어 노래와 책으로 1시간 이상을 채웠어요. 하루 2시간을 모두 채우지는 못하더라도, 아이들이 적어도 매일 1시간 이상 영어에 노출될 수 있게 했습니다. 엄마의 굳은 의지가 필요한 부분이지요.

4세부터는 본격적으로 하루 2시간씩 채웠습니다. 보통 30분의 영상 노출과 30분의 책 음원 노출, 30분의 영어 노래 노출, 거기에 영어 교재를 풀거나 놀이를 하는 것으로 2시간 이상을 채울 수 있도록 했습니다. 어떤 날은 2시간이 채워지지 않는 날도 있었고, 또 어떤 날은 자연스럽게 3~4시간 이상의 노출이 채워지는 날도 있었어요. 자연스럽게 노출 시간이 많았던 날은 주로 아이들이 자발적으로 영어에 노출되는 활동을 많이 한 날이었습니다. 아이들이 스스로 영어책을 더 골라 읽는다든가, 스스로 영어 노래를 듣는다든가, 스스로 놀이 시간에 영어로 말하며 역할 놀이를 한다든가 하는 경우였어요.

물론 아이의 성향, 환경, 배우는 방식, 영어 학습의 목표에 따라 아이가 성취하는 영어 수준은 제각각일 겁니다. 아이가 매일 2시간씩 영어에 노출된다고 해서 무조건 영어를 어느 정도 할 수 있게 된다고 말하기도 어렵지요.

하지만 분명한 것은 누구든지 시간을 쏟아 노력하면 반드시 아웃풋은 따라온다는 사실입니다. 당장 결과가 눈에 보이지 않더라도, 시간이 지나 아웃풋이 나온다고 믿으시고 노력하시길 바랍니다. 내 아이에게 적절한 노출 시간은 엄마의 가치관과 영어 교육의 목표, 아이의 성향 등 여러 가지를 고려하여 조절해 가시면 됩니다.

"Every day counts."라는 표현이 있습니다. 하루하루가 중요하다는 뜻인데요. 아이가 한 번에 10시간씩 영어에 노출되고 마는 것보다 매일매일 2시간씩 영어에 노출되는 것이 낫습니다. 오늘부터 아이에게 영어 노래를 들려주세요. 아이가 좋아하는 책을 가져와서 읽어 주세요. 하루 2시간의 영어 노출이 쌓이면 아이의 영어도 반드시 성장합니다.

일상의 모든 순간을
영어로 연결하기

가정에서 영어 노출 시간을 쉽게 확보할 수 있는 좋은 방법이 있습니다. 바로 일상의 모든 순간을 영어로 연결하는 것입니다. 다른 사교육 없이 집에서 영어 교육을 혼자 감당했던 저는 아이들에게 매일 충분한 영어 노출 시간을 채워주어야 한다는 부담을 가지고 있었습니다. 아이들이 영어에 얼마만큼 노출되는지는 100% 엄마인 저에게 달려있으니까요.

그래서 기회만 있으면, 때로는 없는 기회도 만들어서 아이들이 가능한 많은 것을 영어로 접할 수 있도록 했어요. 일상의 모든 순간에 '어떻게 하면 이걸 영어로 접하게 할까?'를 고민하고, 영어 활동으로 연결해 주었습니다. 이 방법으로 저는 해외나 영어 유치원, 영어 학원을 보내지 않고도 영어 노출 시간을 조금 더 확보할 수 있었습니다.

예를 들어볼까요. 하루는 남편이 집 앞에 분리수거를 하러 나갔다가 개구리 한 마리를 일회용 컵에 넣어 들고 왔습니다. 저희 남편은 지나가다가 달팽이, 개구리, 메뚜기, 귀뚜라미 등이 보이면 꼭 통에 담아와서 아이들에게 보여주는 편입니다. 저는 이런 순간이 영어 노출의 기회라고 생각했어요.

개구리를 본 저는 우선 책꽂이로 가서 개구리에 대해 나와 있는 영어책을 찾았습니다. 그리고 첫째 아이가 자연에 대해 알고 싶다고 말했을 때 사 두었던 줄리아 로스먼(Julia Rothman)의 『자연해부도감(Nature Anatomy)』을 찾았지요.(195쪽 참고) 저는 책장에서 책을 꺼내왔고, 아이들에게 개구리를 충분히 관찰할 수 있는 시간을 주었어요. 함께 개구리를 보면서 이런 저런 이야기도 나누었고요.

그러고 나서 책을 펼쳐 개구리를 찾아봤어요. 책에는 개구리가 알에서 올챙이로 변하고, 뒷다리가 나오고, 앞다리가 나와서 개구리가 되는 과정을 설명하고 있었죠. 저는 아이들에게 책에 나온 내용을 4절지에 그리게 하고, 개구리의 생애 주기에 대한 설명을 영어로 적게 하였어요.

아이들이 그림을 완성하는 것을 본 뒤에는 유튜브에

서 개구리의 생애에 대한 영어 노래를 찾아 틀어주었습니다. 저는 아이들과 함께 노래를 따라 불렀고, 나중에는 율동도 만들어 가면서 여러 번 더 불렀어요. 이렇게 아이들은 영어에 자연스럽게 노출되면서, 동시에 개구리의 생애에 대해서도 배우는 시간을 보낼 수 있었어요.

조금 더 높은 난이도의 내용을 학습할 수 있는 아이라면, 개구리에 관해 설명하는 영어 영상을 어린이 과학 유튜브 채널에서 찾아 볼 수도 있겠지요.

'개구리'라는 소재를 영어 학습으로 연결할 방법은 이 외에도 매우 많습니다. 구글에서 'frog worksheet for kids'라고 검색하면 개구리를 주제로 하는 영어 활동지가 쏟아져 나옵니다. 이런 활동지는 영어권 국가에 사는 어린이들이 유치원이나 학교, 홈스쿨링을 할 때 활용하는 활동지인데요. 그중에서 몇 가지를 골라 출력해서 아이와 함께 해 볼 수 있습니다. 해외에 나가지 않고도 집에서 검색 한 번으로 손쉽게 영어권 아이들이 활용하는 자료를 우리 아이에게도 제공해 줄 수 있어요.

아이가 우연히 개구리를 발견했을 때, 책을 읽다가 개구리가 나왔는데 아이가 관심을 보일 때, 유치원에서 오늘 개구리에 대해서 배웠다고 말할 때, 그 기회를 놓치지 마시고 바로 영어 활동으로 연결해 주세요. 영어 노출 시간을 쉽게 확보할 수 있는 좋은 방법입니다. 아이들은 이런 활동을 하면서 영어를 일상의 일부로 자연스럽게 느끼게 돼요.

가족끼리 바다에 놀러 갈 때는 바다를 주제로, 아이가 공룡에 관심을 보일 때는 공룡을 주제로, 줄넘기를 배우는 시기에는 줄넘기를 주제로 한 영어 노래를 찾아 들려주세요. 영어 활동지를 찾아 함께 풀어도 좋고, 영어책을 읽어 주거나 영어 영상을 찾아 보여줘도 좋습니다. 아이가 요즘 관심 있고 좋아하는 것이라면, 영어가 조금 불편하게 느껴질지라도 주제 자체에 흥미를 갖고 참여하려고 할 거예요.

이렇게 연결시키는 활동을 매일 하기란 쉽지 않습니다. 그렇다면 일주일에 한 번이나 한 달에 한 번 정도만 이렇게 생각해 보면 어떨까요? "요즘 우리 아이가 관심을 보이는 것은 뭘까?"

해당 주제로 서점에서 영어책을 검색하고, 구글 활동지도 검색하고, 유튜브에서 영상을 찾아 주세요. 영어를 배울 수 있는 좋은 도구는 이미 풍성하니까요.

인터넷에서 영어 자료를 찾을 때 활용하는 검색어

예시) '개구리' 관련 자료를 찾고 싶은 경우

유튜브에서 찾기	Frog song for kids (노래)
	Frog craft for kids (만들기)
	Frog drawing for kids (그리기)
	Frog science for kids (과학 교육 영상)
	Frog game for kids (영어 게임)
구글에서 활동지 찾기	Frog coloring pages (색칠 놀이)
	Frog worksheets (활동지)

저자가 일상을 영어로 연결한 날 관련 사진, 영상

집 앞에서 발견한 달팽이를 영어 학습으로 연결한 날 영상	
물고기를 키울 때 필요한 준비물 쓰기	

어린이날에 책에서 'child', 'children', 'kid' 단어 찾기	 
여름 방학에 하고 싶은 것 쓰기	 
지구의 날에 환경을 지키는 방법 쓰기	 

월 to 금
엄마표 학습 루틴 시간표 만들기

엄마표 영어에는 루틴이 반드시 필요합니다. 엄마표 영어는 엄마가 이끄는 만큼 아이의 학습량과 진도가 정해지게 되기 때문이죠. 엄마표이니 내 아이에게 가장 잘 맞는 학습 내용, 학습량, 학습 방법을 정할 수 있다는 큰 장점이 있는 반면, 엄마가 학습을 하루라도 건너뛰면 그것을 말리는 사람도 없다는 단점이 있습니다. 하루가 무너지면 이틀이 무너지는 것은 더 쉽습니다. 엄마표 영어가 흐지부지되기는 훨씬 더 쉽고요. 그래서 엄마표 영어를 하기로 한 날부터 5년이 지난 지금까지, 저는 월 to 금 학습 루틴을 열심히 지키려고 했습니다. (월 to 금 엄마표 루틴 시간표는 3장에 나오는 단계별 내 아이 영어 시간표를 참고해 주세요.)

　　아이의 학습 루틴을 짤 때는 아이가 지금 쉽게 소화할 수 있는 양이 어느 정도인지부터 파악하는 것이 중요합니다. 엄마표 학습 루틴의 목표는 아이가 부담을 느끼지 않는 선에서 학습을 매일 해나가는 것이기 때문이에요. 오늘 당장 최대한 많은 양을 학습하는 건 엄마표 학습 루틴과 거리가 멉니다. 저는 우리 아이의 수준이 지금 어느 정도인지 알고, 그것을 토대로 루틴을 짜서 지키려고 했습니다.

　　쉬는 일정도 열심히 지켰어요. 주말은 어떤 학습도 없이 꼭 쉬었습니다. 유치원과 어린이집의 여름 방학과 겨울

저자 아이의 여행 사진

방학에는 2주 정도 모든 학습을 쉬고 여행을 가고, 할머니 댁에 갔어요. 방학이 끝나면 학습을 바로 다시 시작했는데요. 쉬는 일정을 철저히 지키면 지킬수록, 학습을 다시 시작하는 것이 쉬웠습니다.

학습 루틴은 아이에게 안정감을 줍니다. 어린이집, 유치원에 시간표가 있는 이유가 바로 이 때문이에요. 아이가 루틴에 적응하게 되면, 자기가 어떤 순서로 무엇을 할지 알기 때문에 부모의 수고를 덜 수 있습니다. 또 학습이 끝난 뒤에는 놀이 시간과 영상 시청 시간이 있다는 것을 알기 때문에 아이들도 학습 시간에 차분히 집중합니다.

학습 루틴은 가르치는 부모에게도 쉴 시간을 줍니다. 저는 아이들과 학습을 시작하는 시간을 엄마 선생님으로 출근하는 시간으로, 아이들이 학습을 마치는 시간을 퇴근 시간으로 정했습니다. 퇴근하고 나면, 내가 오늘 할 일을 끝냈다는 생각에 얼마나 마음이 홀가분했는지 모릅니다. 엄마의 쉴 시간도 확실히 정해 두어야 정신적, 체력적으로 힘들지 않게 엄마표 학습을 계속해나갈 수 있어요.

이외에도 루틴이 생기면 좋은 점은 정말 많습니다. 영어 노출 시간을 매일 놓치지 않을 수 있다는 점, 영어 듣기·읽기·쓰기·말하기의 네 가지 영역을 골고루 배분해서 챙길 수 있다는 점, 적절한 하루 학습량을 유지하여 아이가 부담스러워 하지 않는 선에서 꾸준히 지켜나갈 수 있다는 점 등이 있지요.

아이의 영어 루틴은 계속 바뀔 거예요. 1년 내내 자주 바뀔 수도 있어요. 아이들의 영어 실력은 엄마표 영어를 진행하는 내내 계속 성장하고 변하니까요. 교재나 읽는 책의 난이도나 분량 등을 바꿀 일이 계속 생기게 됩니다.

따라서 적어도 1년에 2번 이상 현재 아이에게 부족한 부분은 무엇인지 점검하고, 다음 단계를 시작할 영역은 무엇인지 고민하여 루틴을 수정하는 일이 필요합니다. 기본적인 루틴 내용은 반드시 지키되, 여유가 있으면 영어 게임, 영어 요가, 영어 만들기, 영어 요리 등의 활동을 추가해도 좋습니다.

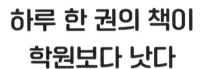

하루 한 권의 책이
학원보다 낫다

저는 책을 최대한 활용했어요. 책 한 권을 읽는 것과 영어 학원에 가서 수업을 한 시간 듣는 것과 같다는 생각이 들었거든요. 책을 산 날에는 되도록이면 그날 바로 아이들에게 읽어 주려고 했습니다. 그렇게 하지 않으면 책이 그대로 책꽂이에 꽂혀서 먼지만 쌓이기 십상이니까요.

오늘 어느 책을 읽든지 책에는 아이가 처음 듣는 이야기, 처음 보는 단어, 처음 보는 표현이 들어있었습니다. 책에서 알게 된 단어와 표현은 아이의 머릿속에 자연스럽게 쌓였어요. 그것이 쌓이고 쌓여 결국 영어를 듣고 이해하는 힘, 자기 생각을 영어로 표현하는 힘이 되어 주었고요.

어떤 책을 읽든지 이런 효과를 얻을 수 있습니다. 장르를 두루 섭렵하여 다양한 주제를 접해 보는 것도 좋겠지만, 아이가 좋아하는 주제가 있다면 그 주제에 해당하는 책들을 골라 읽는 것만으로도 충분합니다. 주제가 같더라도 책마다 사용하는 단어와 표현이 또 다르기 때문입니다. 아이가 새로 읽고 있는 책이 이미 읽었던 책과 대부분 비슷한 단어와 표현으로 쓰여 있다고 하더라도 괜찮습니다. 아이가 재미있게 책을 읽을 수만 있다면 말이에요. 한 번 더 읽는 동안 영어 문장의 구조를 눈으로 한 번 더 보게 되고, 단어와 표현을 한 번 더 익히는 효과가 있습니다.

저희 둘째 아이가 그런 경우였어요. 둘째는 유독 '공주'와 '요정'을 좋아하는 편인데요. 그래서 저는 거의 매일 온라인 서점에서 제목에 'princess(공주)'나 'fairy(요정)'가 들어가는 책을 검색해서 사 주었습니다. 아이가 좋아하는 주제로 책을 샀으니 아이는 당연히 제가 책만 사 주면 다 좋아했습니다. 둘째는 공주를 주제로 한 영어책만 100권 넘게 읽었어요. 제가 읽어 주기도 했고, 아이 스스로 읽기도 했습니다. 그러면서 셀 수 없이 많은 영어 단어와 표현을 자연스럽게 익혔어요. 이 정도면 둘째는 공주 덕분에 영어를 배웠다고 해도 과언이 아닐 테지요.

내 아이가 읽을 책을 고르는 기준은 누구의 추천을 받

는 것보다 요즘 내 아이가 좋아하는 캐릭터가 무엇인지, 관심 있어 하는 것이 무엇인지를 고려해서 고르는 것이 좋습니다. 직접 검색도 해 보고 책의 내용도 한 번 쓱 살펴보면서요. 아이가 공부를 한다고 생각하지 않도록, 아이가 최대한 재미있게 읽을 수 있는 책으로 사 주세요. 아이는 좋아하는 책을 여러 번 읽었을 뿐인데, 영어 실력이 자동으로 쌓이는 효과가 생길 거예요.

영어책 읽기는 하루 종일 영어 한 마디 들리지 않는 우리나라에서 아이가 가장 손쉽게 영어에 노출될 수 있는 활동 중 하나입니다. 영어책을 읽는 아이들은 영어책을 읽는 동안 모르는 단어의 뜻을 유추하게 됩니다. 그러면서 자연스럽게 차곡차곡 아는 영어 단어가 쌓이게 되는 것이죠. 엄마가 영어를 잘하지 못하더라도, 아이가 영어 학원을 한 번도 다니지 않아도, 영어책을 한 권씩 읽으면서 영어 단어와 문장이 아이의 것이 될 수 있습니다. 영어 문장이 눈에 더 익숙해지면 아이 스스로 일기도 쓰고, 자기 생각을 영어로 말도 하게 되는 날이 올 거예요.

둘째 아이가 책에서 '토하다'는 뜻인 'puke'라는 단어를 알게 된 뒤 재미있게 느꼈는지 "I want to puke.(토하고 싶어요.)"라는 표현을 자주 사용하던 시기가 있었습니다. 'puke'라는 단어를 책에서 스스로 습득하고 활용하는 모습이 기특하기도 하고, '토하다'라는 뜻의 다른 영어 표현도 알고 있을지 궁금하여 "'토하다'라는 표현을 영어로는 어떻게 말할까?" 질문해 보았습니다. (아이들이 영어를 공부할 대상으로 받아들이기를 원하지 않기 때문에 이런 질문을 자주 하지는 않습니다.) 그랬더니 첫째 아이가 "'Puke', 'Vomit', 'Throw up' 이렇게 세 가지로 표현할 수 있어요."라고 하더군요. 따로 단어장을 만들어 단어를 외우거나 단어책을 사서 외운 적이 없는 아이들이 책만 읽고도 많은 단어를 배우고 있다는 것을 확인할 수 있었습니다.

그때 다시 한 번 깨달았습니다. 엄마가 영어를 가르치는 것이 아니라, 좋은 책과 영상이 가르친다는 것을요.

영어책 손쉽게 구하는 법

우리나라에서 다양한 영어 원서를 구하는 것은 전혀 어렵지 않습니다. 관심만 있으면 수많은 온라인 서점에서 해외 원서를 손쉽게 구할 수 있어요. 미국에서 출간된 어린이 책 베스트셀러가 클릭 한 번이면 우리 집으로 도착합니다.

온라인·오프라인 중고서점도 활용하기 좋습니다. 개똥이네, yes24, 알라딘 등의 오프라인 중고서점에 가 본 적 있으신가요? 좋은 중고 영어 원서가 얼마나 많은지 모릅니다. 엄마표 영어를 하는 분들에게는 보물 창고 같은 곳이지요. 싼값에 영어 원서를 많이 구할 수 있으니 중고서점에 한 번 갈 때마다 두 손 가득 책을 들고 나오게 됩니다. 또 요즘은 동네 도서관에도 영어 원서가 많이 구비되어 있어요. 커피를 마시러 카페에 가듯 엄마가 자주 들릴 수 있는 단골 서점이나 도서관을 동네에서 찾아보세요.

원서를 구입할 수 있는 온라인 서점

동방북스

웬디북

북메카

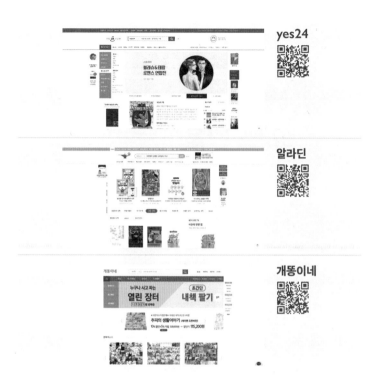

yes24

알라딘

개똥이네

유튜브를 영어 학습에
100% 활용하는 방법

캘거리 대학교의 한 연구팀은 모국어가 아닌 제2외국 어로 영어를 배우는 학생들의 경우, 체육, 수학, 사회 등 다양 한 과목을 영어로 배울 때 영어의 유창성이 더 빠른 속도로 향상된다는 점을 발견했습니다. (Content-based Language Teaching, John Archibald and a team at the University of Calgary Study, 2007) 영어 를 배우기 위해 꼭 영어 수업을 듣지 않아도, 다양한 과목을 영어로 배웠을 때 더 빠르게 영어를 습득할 수 있다는 것입 니다.

저는 이 연구 결과를 보고 감탄했어요. 평소에 제가 집에서 아이들에게 영어를 가르쳐 주던 방식과 같았기 때문이죠.

저는 만들기, 그리기 활동을 하는 영어 영상을 종종 틀어 주곤 했어요. 그러면 아이들은 영상 속 선생님을 따라 하면서 선생님이 사용하는 다양한 영어 표현을 자연스럽게 듣게 되는데요. 이런 활동 영상의 가장 큰 장점은 바로 선생님이 말을 하는 것과 동시에 행동으로 보여 준다는 점입니다.

색종이 접기 활동 영상을 본다고 가정해 볼까요. 영상 속 선생님이 "Fold it.(접으세요.)"라고 말하면서 종이를 접는 장면을 보여 줍니다. 아이들은 영상을 보며 똑같이 종이를 접겠지요. 그러면서 'fold'가 '접는다'는 뜻이라는 것을 자연스럽게 배우는 거예요. 아주 짧은 색종이 접기 영상 하나에서도 "Fold up.(위로 접으세요.)", "Flip it one more time.(한 번 더 뒤집으세요.)", "Fold down and make creases.(아래로 접어 내리고 주름을 만드세요.)" 등 다양한 표현이 나옵니다. 엄마는 아이가 좋아할 만한 영상을 찾아 틀어주었을 뿐인데, 아이는 다양한 영어 표현을 새롭게 습득하게 되지요.

아이가 심심해할 때, 색종이 접기를 하고 싶어 할 때, 만들기를 하고 싶어 할 때, 유튜브에서 영어 영상을 검색해 보세요. 만들기나 색종이 접기 외에도 검색할 수 있는 영상은 많습니다. 요가를 하면서 신체 동작을 영어로 배워볼 수 있는 채널노 있고, 다양한 과학 지식을 아이들이 이해하기 쉬운 방법으로 설명해 주는 채널, 아이가 따라 할 수 있는 요리 채널 등 분야도 매우 다양합니다. 우리 아이가 다양한 분야에 재미를 느끼고, 영어도 배울 수 있는 손쉬운 방법이에요.

이 방법은 영어에 대한 거부감이 있는 아이들에게도 활용하기 좋아요. 영어 영상을 보여 주면서 만들기나 그리기 활동을 따라 하게 하면 영어에 대한 거부감을 거의 느끼지 않는답니다.

유튜브의 수많은 영상 중 영어권 국가에서 유아 교육 목적으로 제작한 영상을 찾아 틀어 주시기를 추천해요. 유튜브 영상 중에 부정확한 영어를 사용하거나 교육적으로 좋지 않은 영상도 있으니, 영상은 부모가 직접 선택하는 것이 좋습니다.

영어 수업을 하는 유튜브 영상

영어 미술

무지개와 구름 그리기

(출처: 유튜브 'Draw So Cute')

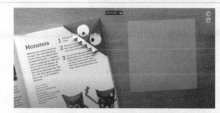

괴물과 올빼미 책갈피 만들기

(출처: 유튜브 'Red Ted Art')

아이스크림 탑 그리기

(출처: 유튜브 'Art for Kids Hub')

염색 소금으로 그림 그리기

(출처: 'The Artful Parent')

영어 요리

크리스마스 쿠키 만들기

(출처: 유튜브 'WhatsUpMoms')

수박바 만들기

(출처: 유튜브 'CharlisCraftyKitchen')

블리피와 함께하는 베이킹

(출처: 유튜브 'Blippi - Educational Videos for Kids')

나도 요리할 수 있어요

(출처: 'Messy Hands - Kids Cooking')

거미 자세

(출처: 유튜브 'Cosmic Kids Yoga')

해양 생물 자세

(출처: 유튜브 'Smile and Learn-English')

어린이를 위한 요가 수업

(출처: 유튜브 'STORYHIVE')

영어 발레

유니콘 스파클 공주 발레

(출처: 유튜브 'Pregnancy and PostPartum TV')

**나는 피자만
먹어요**

(출처: 유튜브 'Koo Koo
Kanga Roo')

라바 댄스

(출처: 유튜브 'Danny Go!')

**머리, 어깨,
무릎, 발**

(출처: 유튜브 'Bounce Patrol -
Kids Songs')

**나는 곰돌이
젤리예요**

(출처: 'Funny Kids')

**바나나 바나나
미트볼 송**

(출처: 'GoNoodle-Get Moving')

어린이를 위한
운동 수업

(출처: 유튜브 'Patty Shukla
Kids TV – Children's Songs')

왕초보
어린이를 위한
운동 수업

(출처: 유튜브 'Fitness & wealth
channel')

어린이를 위한
핑크퐁 댄스

(출처: 유튜브 'Pinkfong Baby
Shark-Kids' Songs & Stories')

손가락이 몇 개?

(출처: 유튜브 'Super Simple Songs - Kids Songs')

도형송

(출처: 유튜브 'The Singing Walrus - English Songs for Kids')

더하기 수업

(출처: 유튜브 'Numberblocks')

5씩 더해보자!

(출처: 유튜브 'Jack Hartmann Kids Music Channel')

위치와 방향

(출처: 유튜브 'Scratch Garden')

색깔 섞기

(출처: 유튜브 'Mayta the Brown Bear-Toddler Learning Videos')

4가지 재미있는 과학 실험

(출처: 유튜브 'SciShow Kids')

화산

(출처: 유튜브 'Peekaboo Kidz')

북극곰

(출처: 유튜브 'Nat Geo Kids')

사이언스 맥스

(출처: 유튜브 'Science Max')

**어린이를 위한
멋진 과학
비디오**

(출처: 유튜브 'Homeschool Pop')

날씨 VS. 기후

(출처: 유튜브 'Crash
Course Kids')

영유아를 위한
영어 영상 노출 방법

　　영어 노출 도구로 영상을 이용하는 것에 대해 염려를 하시는 부모님들이 많습니다. 저 또한 이 부분에 대한 우려가 컸습니다. 하지만 영어 듣기를 위해서는 아이가 영상에 노출되는 것을 피할 수 없다고 생각했어요. 그래서 영상을 보는 시간을 최소한으로 정해 철저히 지키는 방법을 택했습니다. 5세까지는 하루 20~30분, 5세 이후에는 하루 최대 40분 정도만 영상을 보여 주었어요. 그렇게 3년간 월요일부터 금요일까지 규칙적으로 노출을 시켰더니, 아이들이 대부분의 유아 영어 영상을 다 이해하며 볼 수 있게 되었어요. 아이들이 영상을 먼저 찾지 않는 지금도 주 3회 정도는 영상 노출 시간을 가질 수 있도록 노력하고 있습니다.

간혹 영어 노출을 목적으로 하루 3~5시간씩 영상을 보여 주는 부모님들도 계십니다. 물론 부모의 교육관에 따라 그렇게 하실 수 있고, 실제로 아이에게 영상을 더 많이 보여 줄수록 더 많은 영어 습득이 더 짧은 기간에 일어날 수 있습니다.

그러나 저는 아이가 영어뿐만 아니라 다양한 활동도 균형 있게 하는 것이 중요하다고 생각했습니다. 또 아이가 영상을 보는 수동적인 활동보다는 능동적으로 사고하고 활동하는 일에 더 많은 시간을 쏟기를 바랐고요. 대신 영어로 놀기, 영어책 읽기, 영어 교재 풀기 등 영어를 접하는 시간의 총합이 하루 2시간이 되는 루틴을 철저히 지켰습니다.

영어 영상을 영어 노출의 도구로 사용하면서 동시에 아이가 영상을 보는 것에 집착하지 않도록 우리 집만의 영상 규칙을 만들어 실천해 보세요.

건강한 영상 활용 방법

1. 시청 시간 지키기

하루의 영상 노출량을 다 채웠다면, 1분도 더 보지 않고 바로 영상을 끕니다. 아이가 조금만 더 보고 싶다고 떼를 쓰더라도 지체하지 말고 끄세요. 처음에는 엄마가 단호하게 영상을 끄는 것을 아이가 힘들게 느낄 수 있어요. 하지만 아이도 이 규칙에 예외가 없다는 것을 경험하고 나면 더는 떼를 쓰지 않을 거예요.

2. 여러 번 미리 예고하기

영상을 끄기 전, 아이가 마음의 준비를 할 수 있도록 도와주세요. 영상을 끌 시간이 가까이 다가오면 미리 아이에게 시간에 맞춰 영상을 끌거라고 알려 주세요.

- 영상을 보기 전: "한 편만 보고 끄는 거야. 영상이 끝나면 바로 끄는 거야. 할 수 있겠어?"
- 영상이 끝나기 5분 전: "5분 뒤에 끌게. 알았지?"
- 영상이 끝나기 1분 전: "1분 뒤에 끌게. 알았지?"

3. 아이가 스스로 끌 기회를 주기

아이가 능동적으로 직접 영상을 끄게 함으로써 스스로 규칙을 지킬 수 있는 기회를 주세요. 엄마가 일방적으로 영상을 끈다는 느낌을 받으면서 수동적으로 영상을 그만 보게 되는 것보다 효과가 훨씬 좋습니다.

아이에게 영상을 틀어주기 전에 아이에게 리모컨을 주며 "끝나면 네가 스스로 이 빨간 버튼을 눌러서 끄는 거야. 할 수 있지?" 하고 끄는 방법을 알려 주세요.

4. 정확한 이유 설명하기

왜 영상을 정해진 시간만 봐야 하는지 아이에게 설명해 주세요. "영상을 많이 보면 눈에 좋지 않아. 그러나 영상 속에서 좋은 정보를 얻을 수 있기 때문에 시간을 정해서 적당량만 보는 거야."라고 영상 규칙을 만든 이유를 설명해 주세요.

5. 아이 앞에서 영상 보지 않기

부모는 영상을 보고 싶을 때 마음껏 보면서 아이에게만 영상 시청 시간을 제한할 수는 없습니다. 아이가 깨어 있는 시간에는 부모도 영상을 보는 시간을 조절해 주세요.

6. 아이가 규칙을 지켰을 때 칭찬하기

아이가 정해진 시간에 영상을 끄는 순간, 아이를 칭찬해 주세요. "네가 이렇게 영상 규칙을 잘 지키고 정해진 시간에 껐으니 내일도 영상을 볼 수 있겠구나."

아이가 영상을 끄는 것을 어려워하는 경우, 규칙을 지키지 못하면 다음에는 영상을 볼 수 없다는 것을 아이에게 분명히 알려 주세요.

7. 영상 시청 전후의 활동 정하기

차분한 활동(학습 or 독서) → 영상 시청 → 활발한 활동(놀이, 운동 등)

위와 같이 활동 순서를 정해 아이에게 미리 알려 주세요. 아이가 영상을 보기 전, 아이에게 영상을 본 뒤에 무엇을 할 계획인지 알려 주면 영상이 꺼졌을 때의 아쉬운 마음을 아이가 좀 더 수월하게 받아들일 수 있습니다. 또 정해진 순서에 따라 언제 영상을 볼지 아이가 이미 알고 있기 때문에, 아이가 시도 때도 없이 영상을 보여 달라고 떼를 쓰는 행동이 줄어들 수 있습니다.

영어를 특별한 것으로
만들지 마세요

하루는 아이가 나라별 정보가 적혀 있는 국기 카드를 가지고 놀던 중 우리나라의 사용 언어가 '한국어'라고 표기된 것을 보고 이런 말을 했습니다.

"엄마, 우리나라 사람들은 다 영어로 말할 수 있는 거 아니에요?"

어릴 때부터 영어와 우리말을 자연스럽게 집에서 노출한 결과, 아이는 영어를 특별한 것으로 여기지 않고 있었습니다. 그렇게 자란 아이는 당연히 우리나라 사람들은 누구나 영어로 말할 수 있다고 여기고 있었어요.

영유아에게 영어를 가르쳐주고 싶어 하시는 부모님

중에 아이가 영어 거부감이 생겨서, 혹은 생길까 봐 걱정하는 분들이 많이 계시는데요. 이런 거부감은 영어가 자연스러운 것이 아니라 특별한 것이 되는 순간 생기게 됩니다. 아이가 영어에 대한 거부감을 갖게 하지 않으려면 어떻게 해야 할까요?

첫째, 아이에게 "이건 영어로 뭐야?"라고 질문하거나 "영어로 말해 봐."라고 시키지 않습니다. 안타깝게도 아이들의 영어 실력이 궁금한 부모님이 아이에게 이런 식으로 영어를 시켜보는 일이 많습니다. 아이는 이러한 말을 듣는 순간, 영어가 더는 자연스러운 것이 아니게 되어 버립니다. 우리말이 자연스러운 아이에게 누구도 "이건 우리말로 뭐야?", "우리말로 말해 봐."라고 시키지 않으니까요. 아이가 얼마만큼 아는지 궁금하시더라도 꾹 참아 주세요.

둘째, 아이가 힘들어하는 방법으로 아이에게 영어 습득을 강요하지 않습니다. 영유아기의 아이에게 단어 암기를 시키거나 암기를 했는지 확인할 필요는 없습니다. 아이가 힘들어하는 분량의 영어 읽기나 쓰기를 시키지 않아도 아이는 자연스럽게 영어를 습득할 수 있습니다. 아이에게 영어 교재를 한 장 더 풀리는 것보다 아이가 즐겁게 영어를 대하는 것이 훨씬 더 중요합니다.

셋째, 부모가 일상에서 자연스럽게 영어를 사용하는

모습을 아이에게 보여 줍니다. 많은 부모님이 아이 앞에서 "난 영어 못 해."라고 하며 영어에 대해 자신감이 없는 모습, 불편한 모습을 대놓고 드러내는 경우가 있으신데요. 부모가 영어를 불편해 하는데 아이가 영어를 자연스럽게 느낄 수는 없습니다. 아이가 다른 영어 사교육을 받고 있지 않다면 영어에 대해서 편안한 이미지를 만들어 줄 수 있는 사람은 부모뿐입니다. 부모가 영어에 자신 없다 할지라도 그것을 티 내지 않고 아이 앞에서 영어를 사용할 때, 아이도 거부감 없이 영어를 받아들입니다.

아이가 영어에
거부감을 느낄 때

아이가 영어에 거부감을 느낀다고 생각하면 다음과 같이 영어 학습을 진행하고 있는 건 아닌지 살펴봐야 합니다.

영어 거부감 체크 리스트

1. 아이가 어렵게 느끼는 난이도의 책, 영상, 교재 학습을 시키고 있다.
2. 아이가 책, 교재 등의 영어 학습량을 많다고 느끼며 힘들어한다.
3. 놀이와 게임 등의 방법을 자주 활용하지 않고 교재 위주로

학습한다.

4. 암기를 시키거나 배운 것을 아는지 확인한다.

5. 부모가 먼저 영어를 '어렵고 불편한 것'이라고 아이 앞에서 표현한다.

6. 영어에 신경 쓰느라 아이의 한글 독서, 한글 학습 등 한글 사용 욕구는 무시한다.

위 항목들은 모두 아이가 영어에 거부감을 가지게 만드는 요소입니다. 이 중에 해당되는 부분이 있다면 그 부분들을 개선해야 영어 거부감을 줄일 수 있어요.

하지만 부모가 할 수 있는 모든 노력을 다해서 자연스러운 영어 학습 환경을 만들어 주어도 거부감은 찾아올 수 있습니다. 어떻게 찾아오는지 그 원인을 알아볼까요.

영아기나 이른 유아기부터 영어 노출을 시작한 아이는 영어를 우리말처럼 자연스럽게 습득합니다. 부모가 특별히 거부감을 가지게 될 행동을 하지 않는 한 영어를 공부라고 느끼지 못한 채 접하는데요. 그러다가 아이가 어린이집, 유치원, 학교 등에 가게 되면 선생님과 친구들이 모두 우리말로만 소통하는 것을 보게 됩니다. 그런 상황에서 아이의 입에서 영어 단어라도 튀어나오면 "뭐라고 하는 거야?", "왜 영어로 말해?", "한국말로 해." 등의 부자연스러운 반응을 경험하지요. 유치원, 어린이집에는 아이가 집에서 재미있게 읽었던 영어책과 영어 영상 이야기를 함께 나누고 공감할 친구도 없어요. 우리말 발달 수준이 더욱 높아지게 되면, 아이는 모국어와 영어의 차이를 더욱 느끼게 되고, "왜 집에서는 영어로 말하고, 영어로 책 읽고, 영어로 영상을 봐요?"라고 질문하게 되지요. "영어로 말하지 마세요.", "한국말로 할 거예요.", "영어책 말고 한글책 읽을 거예요."와 같이 말하기도 하고요. 그렇게 되면 그동안 자연스러운 노출을 위해 열심히 노력하던 엄마의 마음은 덜컹 내려앉게 됩니다.

'영어 거부감'은 모국어 환경과 다른 언어를 쓰면서 아이가 당연하게 겪는 과정이에요. 엄마가 아이의 반응을 편안하게 받아들이시는 게 필요합니다. 영어 거부감은 영어가 어려운 아이뿐만 아니라 영어를 잘하는 아이도 겪는 일이니까요. 영어책과 영상을 어느 정도 이해하고 즐기는 아이라면 이 시기를 조금 수월하게 지나가는 편입니다. 그리고 영어를 시작한 지 얼마 되지 않아 거부감을 겪는 아이는 다음에 소개하는 방법으로 극복할 수 있습니다.

1. 영어 자신감이 영어 거부감을 이긴다.

영어책과 영어 영상을 이해하며 즐길 수 있을 수준까지 영어 실력이 늘면 아이에게 약간의 거부감이 찾아오더라도 쉽게 지나갈 수 있습니다. 그때부터는 영어가 공부가 아닌 책과 영상을 즐기는 도구가 되기 때문이에요. 따라서 영어책을 읽는 것이 편해져서 '리딩 타임'이 아닌데도 자유 시간에 스스로 영어책을 집어 들고 읽을 수 있는 날이 올 때까지, 영어 영상을 이해하며 깔깔 웃으며 보는 날이 올 때까지 꾸준한 '읽기 연습'과 '듣기 노출 시간'을 확보해 주세요.

2. 영어를 배우는 이유를 솔직하게 설명한다.

아이가 왜 영어를 배워야 하냐고 묻는다면 엄마가 생각하는 '영어를 배우는 이유'를 알려 줍니다. 대충 대답을 흐리고 넘어간다면 아이는 왜 영어를 배우는지 이해하지 못한 채, 그저 엄마가 원해서 배운다고 생각하게 되므로 더 영어를 부정적으로 받아들이게 됩니다.

영어를 알면 즐길 수 있는 책과 영상이 얼마나 더 많은지, 우리말을 모르는 사람들과 대화할 수 있는 재미가 얼마나 큰지도 알려 주세요. 또 해외에 나갔을 때 식당에서 먹고 싶은 음식을 주문하고, 길을 잃어버렸을 때 물어볼 수 있다는 구체적인 예시를 들어 이야기해 주는 것도 좋습니다. "우리가 우리말을 매일 사용하니까 잊어버리지 않듯이, 영어도 매일 사용해서 잊어버리지 않으려고 노력하는 거야."라고 있는 사실 그대로를 말해 주세요.

3. 방학을 영어 집중 기간으로 정한다.

어린이집, 유치원, 학교에서는 우리말 노출 비중이 높습니다. 그러니 방학을 영어 집중 노출 기간으로 만들어 영어 노출을 두 배로 늘려보세요. 아이의 입에서 영어가 많이 나오는 것을 보게 되실 거예요.

저희 아이들의 경우, 학기 중에는 아는 영어 단어도 잘 떠오르지 않는다고 하더니, 방학 기간에 집에서 영어 비중을 높였을 때는 우리말보다 영어 단어가 먼저 떠오른다고 했습니다. 아이들이 일상에서 노출하는 우리말과 영어의 비중에 얼마나 큰 영향을 받는지 알 수 있는 사례입니다.

4. 엄마가 우리말을 더 소중하게 여긴다.

평소에 엄마가 영어를 중요하게 여기고, 아이에게 강요하는 듯한 말과 행동을 하고 있지는 않은지 점검해 봅니다. 아이에게 엄마가 태어난 나라의 언어를 소중하게 여기는 모습을 보여 주고, 엄마가 영어를 우리말보다 더 중요하게 생각하는 것은 아니라는 걸 아이도 느낄 수 있도록 해 주세요. 엄마가 우리말 학습과 영어 학습의 균형을 적극적으로 유지할 때, 아이가 오히려 영어를 더 잘 받아들입니다.

엄마의
숨은 노력

　유아기 아이가 두 언어를 동시에 습득하는 방법에 특별한 비결은 없습니다. 매일 단어 하나라도 두 언어로 또박또박 알려 주려는 엄마의 노력, 오늘도 잊지 않고 영어 동요와 우리말 동요를 번갈아 틀어 주고 불러 주는 엄마의 노력, 그냥 쉬어도 될 순간에 책 한 권 펼쳐서 읽어 주는 엄마의 노력이 모이면 됩니다. 그렇게만 하면 우리 아이도 우리말과 영어를 모두 자연스럽게 습득할 수 있어요. 저의 경우를 예로 들어볼게요.

　첫째 아이에게 우리말의 특정 단어를 의도적으로 알려 주기 시작한 것은 아이가 태어난 지 50일이 되었을 때입니다. 50일 된 아기를 유모차에 태우고 처음 산책하러 나갔는데요. 누워있는 아이의 시선에서 보이는 나무를 가리키며 또박또박 "나무"라고 들려주었습니다. 그날부터 산책하러 나갈 때면 항상 나무를 가리키며 반복적으로 같은 단어를 말해 주었어요. 2주 정도 지난 뒤에는 한 단어를 추가했지요.

돌 무렵부터는 발화를 유도했어요. 아이에게 블루베리를 주면서 "블루베리 줄까요?"라고 물어봤을 때, 아이가 "네!"하고 대답해야만 주는 방식으로 유도했습니다.

저는 첫째 아이가 태어난 직후부터 꾸준히 우리말을 들을 수 있게 했어요. 쉬운 한글 단어를 매일 들려주고, 한글 책을 읽어 주고, 간단한 대화를 계속 시도했어요. 덕분에 아이의 우리말 구사 능력이 안정적으로 발달할 수 있었습니다. 두 돌이 되기 전에는 우리말의 간단한 단어로 문장을 만들어 의사소통을 할 수 있는 수준이 되었고요.

아이의 우리말 구사 능력이 잘 길러지고 있다는 것을 확인한 때부터, 저는 영어 노출을 조금 더 적극적으로 시작했습니다. 두 돌 전에는 영어 노래를 하루 20분 정도 들려 주고 간단한 영어 단어를 가끔 한 번씩 알려 주었어요. 두 돌 이후부터는 영어 노래도 좀 더 자주 들려 주고, 간단한 영어 문장을 알려 주었어요. 영어 노래 영상도 틀어 주었고요.

아이가 3~4세가 되자 글자에 관심을 보이기 시작했어

요. 그전까지 제가 내일 한글책과 영어책을 골고루 읽어 주었기 때문에 아이에게는 글자가 낯설지 않았습니다. 저는 아이가 글자를 터득할 수 있도록 부지런히 도와줬습니다. 덕분에 5세가 되었을 때, 아이가 한글책과 영어책을 둘 다 스스로 읽을 수 있게 되었어요.

특별한 비법은 없습니다. 들려 주고, 보여 주고, 읽어 주는 하루하루가 쌓이니 우리말과 영어를 자연스럽게 구사하는 아이가 되었을 뿐이에요. 엄마가 한글책을 많이 읽어준 아이들이 우리말 발달이 빠르듯, 영어도 그렇다고 생각하시면 됩니다.

알파벳을 한글보다
먼저 가르친 이유

제가 아이에게 한글보다 알파벳을 먼저 가르쳤다고 하면 깜짝 놀라는 분들이 계시는데요. 제가 아이에게 알파벳을 먼저 가르친 이유는 아이들을 둘러싼 언어적인 환경이 한국어였기 때문이었어요. 하루 24시간 중에서 아이가 깨어 있는 시간을 '12시간'이라고 하면, 영어 노출 시간 '2시간'을 제외한 '나머지 10시간'은 우리말 환경에 놓여 있게 되지요. 환경적인 요인 때문에 아이가 클수록 우리말이 더 편해지는 건 매우 자연스러운 일입니다. 영어책 읽는 법을 먼저 가르쳐도, 아이가 한글책을 읽기 시작하는 순간부터 우리말 실력이 역전되는 건 시간 문제이지요.

한글 자막이 달린 영어권 영화를 볼 때를 떠올려 볼까요. 보통 우리말이 편한 사람은 아무리 배우가 영어로 시끄럽게 말해도 한글 자막을 따라가기 바쁩니다. 영어 대사가 귀에 잘 들리지 않기 때문이지요. 우리말이 훨씬 편하니까요. 한글 자막이 없다면 영화를 이해할 수 없기 때문에 재미를 느끼지도 못합니다. 아이들의 경우에는 어떨까요. 쉽게 이해할 수 있는 한글책이 있는데, 어렵기만 한 영어책에 손이 갈 리 없지요.

제가 결코 우리말보다 영어를 더 중요하게 생각한 것이 아니었어요. 오히려 모국어인 우리말을 더 중요하게 생각했음에도 이러한 이유로 저는 아이들에게 알파벳을 먼저 가르쳤습니다. 한글은 아주 쉬운 영어책을 스스로 읽을 수 있는 수준이 된 이후에 가르쳤어요. 알파벳을 먼저 가르친 것은 한글을 배우는 데에도 도움이 되었습니다.

아이가 한글 읽는 법을 서둘러 배워야 하는 연령이 아니라면, 영어책 읽는 법을 먼저 가르친 뒤에 한글을 가르치는 것도 추천할만합니다. 아이의 우리말 실력은 날이 갈수록 쑥쑥 늘어나 얼마 지나지 않아 두 언어로 책을 읽을 수 있게 되니까요. 아이들의 환경적인 요인을 고려하여 한국어와 영어의 발달이 비슷한 속도를 낼 수 있도록 도와주세요.

엄마가 필요한 시간,
하루 20분

엄마표 영어를 할 때 실질적으로 엄마가 아이에게 필요한 시간은 하루 2시간 중 20분 남짓입니다. 이는 영어 영상과 노래에 노출하는 데에 들어가는 시간이 대부분이기 때문이기도 하지만, 실제로 하루 20분이면 충분하기 때문이기도 해요. 저의 경우를 예로 들어볼게요.

저는 우선 하루 10분씩 아이들과 앉아서 파닉스 교재를 풀었습니다. 하루에 풀어야 하는 양은 2~3장 정도였으니 10분이면 충분했어요. 이런 식으로 월요일부터 금요일까지 하면 두 달 동안 파닉스 교재 한 권을 끝낼 수 있습니다.

하루 5분은 한글 공부하는 데 썼습니다. 우리말은 일

상에서 이미 많이 노출되고 있으니, 5분도 채 걸리지 않고 끝나는 날도 많았습니다. 거기에 자기 전에 한글책 3권을 매일 읽어 주는 것까지 포함하니 6개월이 지나자 아이가 한글을 다 알게 되었어요. 한글 공부는 매일 가볍게 진행했는데요. 주로 다음과 같은 활동을 했습니다.

한글 공부 일정표

월요일	가나다 포스터를 보면서 노래 부르기(5분)
화요일	책 제목 읽어 보기(1분), 거리를 지나가다가 간판 읽어 보기(1분)
수요일	엄마가 쓴 글씨를 따라 카드 쓰기(5분)
목요일	단어 카드 놀이(5분)
금요일	내 이름, 가족 이름 써 보기(5분)

아이가 학습에 더 집중할 수 있을 것 같은 날에는 더 충분한 시간을 들여 활동해도 좋습니다. 그러나 하루 5분만으로도 유아기에는 충분히 효과적인 한글 학습이 이루어질 수 있으므로 최소한의 시간을 예로 들었습니다.

아이가 한글 글자에 익숙해졌다고 생각될 무렵부터

월 to 금 루틴에 한글 교재 풀기를 넣었어요. 하루 1~2장 정도 5분씩 푸는 것으로 가볍게 시작했는데, 몇 개월이 안 되어서 아이가 한글책을 스스로 읽기 시작했습니다.

하루 20분이면 됩니다. 매일 아이가 즐겁게 할 수 있는 분량으로만 꾸준히 할 수 있게 도와주세요.

모국어와 다른
엄마표 영어 발달 순서

언어의 습득은 '듣기'에서 시작됩니다. 보통은 '듣기'가 쌓였을 때 자연스럽게 '말하기'를 시작하는데요. 모국어가 아닌 영어의 경우에는 '듣기'가 쌓여도 '말하기' 발달은 더딘 것을 볼 수 있습니다. 이는 우리나라에 사는 아이가 일상에서 꼭 영어로 말해야 하는 상황이 없기 때문입니다. 많은 분들이 '왜 영어 노출이 쌓였는데도 말하기는 안 되지?'하며 답답해 하시는데요. 이는 우리나라에서 영어를 배울 때 자연스러운 일이니, 실망하기보다는 영어 영상과 영어책 읽기를 꾸준히 해 주시면서 말하기 연습을 할 수 있도록 기회를 자꾸 만들어 주는 것이 좋습니다.

영어 '듣기'가 어느 정도 가능해지고, 영어 '말하기'를 시작한 상태에서 아이는 알파벳을 배우며 '읽기'를 시작할 수 있습니다. 듣기 노출이 많이 쌓인 상태로 영어를 어느 정도 이해할 수 있다면, '읽기'를 시작하기 충분하니까요.

영어책 읽기는 우리나라에서 아이가 엄마표로 영어를 배울 수 있는 최고의 방법입니다. 책에는 문법적으로 완벽한 문장과 수많은 단어, 영어적인 표현이 가득 담겨 있으니까요. 책을 많이 읽는 것만으로도 영어의 많은 부분을 자연스럽게 습득할 수 있습니다. 또 '읽기'를 하다 보면 영어 단어와 문장의 구조 등을 더 알게 되면서 더디게 발달하는 영어 말하기에도 도움이 됩니다.

영어 '듣기'와 '읽기'는 우리나라에서 영어를 배우는 아이가 비교적 쉽게 발달시킬 수 있는 영역입니다. 읽기의 경우, 열심히만 한다면 영어권 국가에 사는 아이들보다 더 빠르게 늘기도 합니다.

아이가 영어 읽기를 스스로 할 수 있게 되면, 그때부터 '쓰기' 연습을 시작할 수 있습니다. 그동안 빈번한 영어 노출로 아이 안에 축적된 영어 표현과 단어가 많은 데다, '쓰기'의 경우에는 아이가 천천히 생각하면서 적을 수 있기 때문이에요. 이 시기의 아이는 간단한 일기 쓰기 정도를 시작할 수 있게 됩니다. '쓰기'는 자기가 하고 싶은 말을 글로 적는 활동이기 때문에 쓰기를 꾸준히 하다 보면 영어 말하기에도 도움이 됩니다.

영어 듣기, 말하기, 읽기, 쓰기 중 말하기가 아무래도 환경적인 제약을 가장 많이 받습니다. 그러니 '말하기'는 계속 연습해야 하는 영역으로 생각하시고, 아이에게 한 번이라도 더 말할 수 있는 기회를 만들어 주세요. 3장에서 단계별로 '말하기'를 연습할 수 있는 활동이 소개되어 있으니 참고하시면 좋겠습니다.

엄마표 영어를 하는 아이의 영역별 발달 순서

듣기 → 말하기 시작 → 읽기 → 계속되는 말하기 연습 → 쓰기 → 말하기와 쓰기의 완성도 높이기

언어 환경별 영어 노출 방법		
	영어권 국가에 사는 아이	비영어권 국가에 사는 아이
듣기	1. 엄마, 아빠의 말 2. 생활 환경 속에서 자연스럽게 듣게 되는 주변의 대화 소리	1. 하루 2시간 이상의 영어 노출 시간을 반드시 확보하기(영어 노래, 영상, 책 음원 활용) 2. 엄마, 아빠가 하루 10문장 이상 영어로 말해 주기 3. 엄마, 아빠가 하루 3권 이상 영어책 읽어 주기
말하기	1. 불편함을 해소하고 원하는 것을 얻기 위해 자신의 필요를 말로 표현하려고 노력 2. 엄마, 아빠 및 주변 사람들과의 의사소통 수단으로 영어를 활용	1. 많이 듣고, 많이 읽은 표현이 자연스럽게 떠오르고 발화로 이어질 수 있도록 영어 영상 노출, 영어 노래 듣기, 책 음원 듣기, 책 읽기 2. 아이가 영어로 말할 수 있는 환경을 인위적으로 만들어 발화 자극하기 3. 일상에서 엄마, 아빠가 영어로 말하고, 아이가 대답할 수 있는 기회 만들기 4. 말하기 교재 활용하기
읽기	1. 유치원부터 초등 저학년까지 파닉스 규칙을 배움 2. 학교에서 책 읽기를 배움 3. 주변 환경에 모든 글자가 영어로 되어 있어 자연스럽게 읽을 기회가 확보됨	1. 교재와 게임 등으로 파닉스 규칙 배우기 2. 쉬운 영어책부터 시작해서 매일 책 읽기 3. 영어가 적힌 과자 상자, 보드게임 설명서, 활동지, 영어 신문 등을 활용하여 읽을 기회 만들기

| 쓰기 | 1. 유치원에서 알파벳과 간단한 단어나 문장 쓰기 연습을 시작하며, 초등학교에서도 깊이 있는 쓰기 연습을 하게 됨
2. 문법적 오류를 부모나 선생님이 교정해 줄 수 있음 | 1. 쓰기 교재로 기본적인 쓰기 연습하기
2. 읽은 영어책 내용의 일부를 필사하기
3. 꾸준히 영어 일기 쓰기
4. 문법 교재로 문법 학습하기 |

한글책과 영어책을
골고루 꺼내 읽기까지

저희 아이들은 책장에서 한글책도 꺼내 읽고 영어책도 꺼내 읽습니다. 제가 특정 책을 읽도록 권하지 않아도 자유롭게 골라 읽는 한글책과 영어책의 비율이 50:50 정도 됩니다. 이렇게 두 언어의 책을 자유롭게 골라 읽는 아이들의 모습을 보고 있으면, 엄마표 영어의 보람이 어느 때보다 크게 느껴집니다.

물론 이렇게 되기까지는 아이들이 왜 영어책을 읽어야 하냐고 질문하던 시기도 있었고, 영어책 말고 한글책을 읽어 달라고 하면서 한글책을 선호하는 모습을 보이던 때도 있었습니다. 아이에게 매일 영어책을 읽어 주려고 하는 많은 부모님이 이와 비슷한 과정을 겪고 계시는데요. 그런 분들을 위해, 제 아이들이 한글책과 영어책을 골고루 읽을 수 있게 된 방법을 공유합니다.

1. 책장에서 영어책의 비율을 높여 주세요.

아이가 우리말과 영어의 사용이 둘 다 편해지기 전까지는 집에 있는 책장에서 영어책 비율을 한글책보다 높게 유지해 주세요. 저는 제가 책을 읽어 주던 시기에는 50:50의 비율로 한글책과 영어책을 구비해 두었다가, 아이가 스스로 읽기 시작할 무렵부터는 영어책의 비중을 높였습니다. 아이는 보통 한글책을 선호하기 때문에, 책장에 있는 영어책의 비중이 조금 높아야 영어책에도 조금 더 손이 가기 때문이에요. 그리고 아이가 스스로 영어책을 읽는 것이 수월해졌을 때 다시 그 비율을 50:50으로 맞춰 주었어요.

단, 적은 비율의 한글책을 가지고 있을 때는 되도록이면 아이가 좋아하는 한글책을 선별하여 두어, 한글책을 읽을 때만큼은 아이가 재미있게 읽을 수 있게 했습니다. 우리말 발달이 더 필요하다고 느껴지는 시점에는 한글책의 비중을 높여주는 것도 좋습니다.

2. 엄마가 영어책을 선호한다는 인상을 주지 마세요.

엄마가 영어책만 골라서 읽어 주면, 아이는 엄마가 영어책을 선호한다는 것을 바로 압니다. 아이가 아직 영어책을 재미있게 읽을 수 있는 수준까지 도달하지 못한 시기에는 한글책을 선호하는 경향이 있는데요. 아이가 '엄마는 내가 영어책 읽는 것을 더 좋아하는구나.'라고 생각할 때, 엄마가 한글책을 아이보다 먼저 골라서 신나게 읽어 줄 필요가 있어요. 아이에게 말보다는 행동으로 '엄마는 영어책을 선호하는 것이 아니야.'라는 메시지를 주는 것이지요. 한글책을 읽어 준 뒤에는 바로 영어책을 읽어 주고요.

이렇게 한글책과 영어책을 계속 번갈아 읽어 주고, 때로는 한글책을 더 골라서 읽어 주는 모습을 보여 주면 영어책을 점차 편하게 받아들이게 됩니다.

아이에게 영어책 한 권, 한글책 한 권을 직접 골라오도록 하는 방법도 있습니다. 아이가 한글책만 2권 읽고 싶다고 하는 날에는 흔쾌히 한글책만 읽어 주는 것도 좋아요. 영어가 편해질수록 아이가 영어책을 골라오는 횟수가 자연스럽게 늘어나게 되니까요.

3. 아이가 좋아할 영어책을 사 주세요.

집에 아이가 좋아하는 책이 한글책으로만 가득 있다면, 영어책에 손이 가지 않습니다. 아이의 영어 읽기 능력을 집중적으로 돕고 싶은 시기에는 집에 재미있는 한글책보다 재미있는 영어책이 더 많이 있게 해 주세요. 아이 입장에서 생각했을 때, '내가 조금 불편한 언어지만, 그래도 당장 읽어 보고 싶어!'라고 생각할 만한 책을 위주로 사 주시면 좋습니다. 요즘 아이들에게 인기 있는 책이 영문판과 한글판으로 있다면, 영문판으로 사 주세요. 그렇게 되면 영어가 다소 불편하더라도 읽으려고 하는 모습을 보입니다.

4. 아이가 스스로 한글책과 영어책을 읽는 것이 쉬워질 때까지 옆에서 도와주세요.

아이가 처음 스스로 읽는 연습을 시작할 때에는 엄마의 도움이 꼭 필요합니다. 아이가 책을 혼자 즐기면서 읽을 수 있는 상태가 되기 전까지는 적극적으로 도와주세요.

5. 매일 30분의 영어책 읽기 시간 외에는 아이가 자유롭게 읽을 수 있게 해 주세요.

3장에 나와 있는 월 to 금 엄마표 학습 루틴 시간표를 보면 아실 테지만, 엄마표 영어 루틴에는 책 읽기 시간이 포함되어 있어요. 아이가 스스로 영어책을 읽을 수 있는 수준이 되면서부터 하루에 영어책 읽는 시간을 30분으로 잡아두었는데요. 이 읽기 시간에는 아이의 읽기 수준을 높여가기 위해 엄마가 고른 책 위주로 읽도록 했습니다. 그리고 이외의 시간에는 아이가 어느 책을 읽든지 전혀 개입하지 않았어요. 아이가 읽는 책이 영어책이든, 한글책이든, 지나치게 쉬운 책이든 전혀 관여하지 않았습니다.

3장

A, B, C부터
해리 포터
원서로 읽기까지

엄마표 영어
5단계 학습법

영어 첫인상을 심는 단계

1 영어 소리에 익숙해 지기
2 말하기 연습 시작하기
3 놀이로 즐거운 영어 첫인상 만들기
4 매일 새로운 단어 습득하기

"여기에서 말하는 1단계는 아이가 몇 살일 때 시작해야 하나요?"라고 질문하신다면, 저의 대답은 '지금'입니다. 엄마표 영어를 결심하는 시점은 사람마다 다르기 때문이에요. 당연히 일찍 시작할수록 여유롭게 진행하실 수 있어요.

1단계에 더 많은 시간을 들이면 들일수록 2단계부터의 과정이 쉬워집니다. 1단계에 2~3년 정도의 시간을 들이면, 2단계를 순조롭게 소화할 수 있어요. 그러니 만약 아이가 아직 어리다면, 서둘러서 2단계로 넘어가기보다는 1단계에 충분한 시간을 들이는 것을 추천합니다. 최소 1년 이상은 1단계에 투자하시는 것이 좋아요.

1단계의 목표는 아이가 영어를 편안하게 느끼고, 엄마와 함께 영어로 하는 모든 활동이 재미있다고 느끼는 거예요. 그것만으로도 성공입니다. 아무리 유명하고 인기있는 책과 영상, 활동도 아이가 재미없어한다면 지속하지 마시고, 내 아이가 좋아하는 영상, 하고 싶어하는 활동을 찾아서 하게 해 주세요.

Listening(듣기):
영어 노래 듣기

영어 노출을 시작할 수 있는 가장 쉬운 방법은 영어 노래를 들려 주는 것입니다. 아이에게 영어 노래를 반복해서 들려 주면 얼마 지나지 않아 아이가 가사를 외워서 부르고, 발음도 그대로 흡수하고 똑같이 흉내 내어 부르게 됩니다.

두 돌이 지나고 나서부터는 영어 영상을 조금씩 활용해 보세요. 노래 영상으로 시작하는 것이 좋습니다. 노래 영상을 보면서 아이가 쉬운 단어와 표현, 영어 소리에 익숙해질 수 있게 해 주세요.

1단계 아이를 위한 영어 노래 유튜브 채널

슈퍼 심플 송

(출처: 유튜브 'Super Simple Songs - Kids Songs')

코코멜론 유아 동요

(출처: 유튜브 'CoComelon Nursery Rhymes')

루루 키즈

(출처: 유튜브 'LooLoo Kids - Nursery Rhymes and Children's Songs')

츄츄 TV

(출처: 유튜브 'ChuChu TV Nursery Rhymes & Kids Songs')

데이브와 아바

(출처: 유튜브 'Dave and Ava - Nursery Rhymes and Baby Songs')

리틀 베이비
범

1단계 아이가 하기 좋은 활동

1. 엄마가 하루 3권 이상 책 읽어 주기

보드북, 팝업북, 플랩북, 촉감북 등 아이가 최대한 좋
아할 만한 영어책을 읽어 주세요. 이때 책에 나와 있는 그림
을 짚어가며 간단한 단어를 반복하여 읽어 주는 것이 좋습
니다.

책과 함께 제공되는 음원을 틀어 주고 페이지를 넘기
면서 보는 것도 좋지만, 엄마가 직접 읽어 주는 것도 좋아요.
아이가 좀 더 흥미를 느끼는 페이지마다 멈춰서 아이가 내
용을 이해할 수 있도록 도와주고, 아이와 대화하면서 그림을
하나하나 같이 보고 단어를 익힐 수 있으니까요.

2. 손가락 인형 등의 소품 활용하기

손가락 인형 등의 소품을 활용해서 아이에게 노래를

불러 주거나 이야기를 들려 주세요. 실제로 눈으로 보고 손
으로 만질 수 있는 소품을 활용하면, 아이가 노래와 이야기
에 적극적으로 참여하게 됩니다. 그러면서 영어 습득도 효과
적으로 일어나게 되고요. 엄마가 먼저 소품을 활용하는 모습
을 보여 주면, 아이가 엄마를 따라서 소품을 활용하면서 노
래도 부르고 이야기도 따라 하게 됩니다.

소품을 만들어 부르기 좋은 영어 노래

Five little monkeys
(출처: 유튜브 'Super simple songs')

- 소품 활용법: 다섯 마리의 아기 원숭이와 침대를 만든 뒤, 아기 원숭이가 침대에서 뛰다가 한 마리씩 떨어지는 식으로 놀 수 있어요. 엄마 원숭이와 의사 원숭이, 그리고 전화기까지 만들면 더욱 재미있게 즐길 수 있어요.

Finger family
(출처: 유튜브 'Cocomelon')

- 소품 활용법: 아빠, 엄마, 남자 아이(brother), 여자 아이(sister), 아기(baby) 손가락 인형을 만들어 손가락에 끼우거나 종이에 그려 오린 뒤 노래 가사에 맞춰 움직입니다.

Five little ducks
(출처: 유튜브 'Super Simple Songs')

- 소품 활용법: 다섯 마리의 아기 오리와 엄마 오리, 그리고 언덕을 만들어 아기 오리가 한 마리씩 사라졌다가 다시 나타나는 내용으로 놀 수 있습니다.

Speaking(말하기):
말하기 연습 시작하기

아이가 우리말을 처음 배울 때 '맘마'(밥), '하비'(할아버지) 등 발음하기 쉬운 소리로 말하기 시작합니다. 영어권 국가에 사는 아이들도 마찬가지예요. 처음에는 아빠를 'dad' 대신 'dada'라고 부르면서 말하기를 시작합니다.

아이가 우리말을 시작할 때처럼 '의미를 가진 소리'를 내는 것부터 천천히 연습하게 해 주세요. 그러면서 아이가 영어도 일상에서 사용하는 의사소통의 수단으로 활용할 수 있도록 도와주세요. 우리말 발음도 아직 정확하지 않은 시기에는 영어 발음도 어려울 수 있습니다. 단, 아이가 정확한 발음을 낼 준비가 되었다면, 정확하게 발음하도록 도와주세요.

첫 돌이 지난 아이가 쉽게 따라 할 수 있는 영어 단어	
Dad(Dada, Daddy, Papa)	Mom(Mama, Mommy)
Hi(Hello)	Bye
Dog(Doggy, Puppy)	Ball
No	Cat(Kitty)
Car	Duck
Baby	Uh oh

(출처: poosugar.com)

노래 부르기

　집에서 항상 듣던 노래를 따라 부르게 해 주세요. 아이와 함께 산책하거나 놀 때 엄마가 먼저 운을 띄우며 함께 불러도 좋습니다. 노래를 자주 틀어 주어 아이가 따라 부를 수 있게 해 주는 것도 좋은 방법입니다.

　예를 들어, 장난감 청소 시간에 청소 노래(Clean up song)을 틀어 주는 거예요. 노래를 튼 뒤, 엄마가 "자, 정리하자! Let's clean up!"하고 말하며 정리를 시작해 주세요. 그러면 아이가 장난감 통에 장난감을 넣으면서 "Clean up, Clean up!"하고 노래를 따라 부를 거예요.

목욕할 때 들어요	
손가락 율동해요	
산책할 때 들어요	
청소할 때 들어요	
신체 이름을 배워요	
차 탈 때 들어요	
옷 입을 때 들어요	
비 오는 날 들어요	
감정을 배워요	
잠 잘 때 들어요	

따라 말하기

집 안에 있는 물건, 놀이터 기구, 집 밖에서 볼 수 있는 것을 수시로 손으로 가리키거나 보여 주며 단어를 알려 주고 아이가 따라 말할 수 있도록 도와주세요.

예를 들어, 놀이터의 미끄럼틀을 가리키며 "Slide!(미끄럼틀)" 하고 반복해서 말해 주세요. 아이가 미끄럼틀을 타고 싶어 하면 아이가 "Slide!"하고 따라 말하도록 유도한 뒤에 미끄럼틀을 태워 주세요.

엄마가 책을 읽어 주는 시간에 책에 나오는 그림을 영어로 말해 주세요. 엄마가 그림을 가리키며 "Bear(곰)"하고 엄마가 먼저 말한 뒤, 아이가 따라 말할 수 있도록 해 주세요. 단어 습득과 말하기 연습이 동시에 됩니다.

여러 번 반복하고 나면, 아이와 다양한 게임을 할 수 있는데요. 엄마가 책에 나온 그림을 가리키면서 "What's this?(이것이 뭐야?)"하고 묻고 아이가 단어를 말하는 게임도 할 수 있고요. 엄마가 책을 덮은 뒤 "Where is the bear?(곰이 어디에 나왔지?)"하고 묻고 아이가 곰이 나온 페이지를 찾는 게임도 할 수 있습니다.

목욕 시간	splash, water, bubbles, wash, soap, tap, tub, sink
식사 시간	fork, spoon, plate, eat, more, yummy, drink, water
자동차를 탈 때	car, car-seat, buckle up, seat belt, window, honk
놀이터	slide, swing, see-saw, sand, walk, run, jump, ball
집 밖	tree, flower, leaf, grass, park, dog, cat, bike, road
집 안	table, chair, door, sofa, piano, bed, lamp, fridge
옷	shoes, pants, skirt, clothes, T-shirt, jacket, scarf, hat, socks, button

아이가 원하는 것이 있는 상황을 활용하기

아이가 엄마에게 원하는 것이나 필요한 것이 있는 상황을 활용해서 영어를 말하게 해 보세요.

예를 들어, 아이가 목이 마를 때 "Water.(물)", "Water, please.(물 좀 주세요)", "Milk.(우유)", "Milk, please.(우유 좀 주세요), "Thirsty.(목말라요)", "I'm thirsty.(난 목말라요)" 등의 간단한 영어를 말해야만 아이가 원하는 것을 받을 수 있도록 하는 거예요. 엄마가 먼저 영어 표현을 말하고 나서 아이가 따라 하도록 유도하세요. 아래 표에 있는 표현은 완전한 문장으로 말하는 것이 아직 어려운 아이를 위한 것입니다. 그러니 긴 문장으로 말할 수 있게 된 아이에게는 반드시 완전한 문장으로 말하는 연습을 하게 해 주세요.

아이가 원하는 것이 있는 상황에서 사용할 수 있는 영어 표현	
우유 등을 마시고 싶을 때	More milk, Drink milk, Want milk
화장실 가고 싶을 때	Go potty, Go pee, Go poo
바나나가 먹고 싶을 때	Eat banana
안아 주기를 바랄 때	Mommy up, Daddy up
놀고 싶을 때	Go play
나가고 싶을 때	Go out
배고플 때	I'm hungry.
졸릴 때	I'm sleepy.

Reading(읽기):
놀면서 '읽기' 준비하기

읽기 연습을 시작하려면, 알파벳이나 파닉스부터 해야 한다고 생각하는 부모님이 많습니다. 유아기는 아직 글자를 배울 나이가 아니라고 여기며 아무것도 하지 않거나, 아니면 오히려 급하게 알파벳을 가르치는 경우를 종종 볼 수 있는데요.

아이가 읽기를 쉽게 배우고 영어책 읽기를 즐길 수 있기 위해서는 알파벳과 파닉스를 하기 전에 영어 듣기와 단어 습득이 충분히 되어 있어야 합니다. 1단계는 아이가 영어 글자를 보고 읽는 연습을 시작하기 전이니 아이가 아는 단어를 늘릴 수 있는 활동에 집중하는 것이 좋습니다.

단어 그림 포스터를 보고 단어 맞추기

집에 단어 그림 포스터를 붙인 뒤, 엄마가 하나씩 그림을 가리키며 단어를 말해 주세요. 아이가 포스터에 있는 단어에 어느 정도 익숙해졌다 싶으면 단어 게임을 할 수 있어요. 엄마가 "Where is the apple?(사과가 어디에 있지?)"하고 물어보면, 아이가 "Here!(여기요!)"하고 사과를 가리키는 식으로요. 포스터에 있는 단어를 다 알게 된 뒤에는 새 포스터를 붙여서 게임을 계속 이어나가는 것도 좋습니다.

단어 카드 놀이

단어 카드를 가지고 노는 것도 좋은 방법입니다. 엄마가 말한 단어의 단어 카드를 아이가 가져오거나 손으로 가리키는 방식으로 놀 수 있어요.

1. 엄마가 여러 장의 단어 카드를 들고 한 장씩 순서대로 넘기면, 아이가 그림을 보고 단어를 말하는 놀이.
2. 엄마가 단어 카드의 그림을 일부분만 보여 주고, 아이가 어떤 그림인지 맞히는 놀이.
3. 집 한 쪽에 단어 카드를 펼쳐 두고 엄마가 단어를 말하면, 아이가 카드가 펼쳐진 곳으로 달려가서 카드를 가져오는

놀이.

4. 단어 카드를 일렬로 나열하고 카드의 순서를 외운 뒤에 다 뒤집고 나면, 아이가 첫 번째 카드부터 맞히는 놀이.

5. 책을 다섯 권 정도 준비한 뒤 책마다 단어 카드를 하나씩 끼워두고, 엄마가 책을 한 권 선택한 뒤, "What card is in this book?(이 책에는 어느 카드가 있지?)"하고 물으면, 아이가 맞히는 놀이. 이때 어느 책에 어느 카드를 끼워 두었는지 아이가 알 수 있도록 카드를 아이와 함께 숨깁니다.

알파벳 놀이

아이가 자연스럽게 알파벳의 생김새와 친해질 수 있도록 도와주는 놀이입니다. 지금 당장 알파벳을 외우는 것이 목적은 아니므로 아이가 알파벳을 외웠는지 확인하지 않아도 괜찮습니다. 아이가 알파벳 노래를 자주 듣고 부르며 알파벳과 친해질 수 있게 도와주세요.

1. 색종이를 이용한 알파벳 모자이크 놀이

엄마가 큰 종이에 알파벳 A를 크게 쓴 뒤 "A(에이)" 하고 읽어 줍니다. 아이와 함께 색종이를 작은 조각으로 찢어 엄마가 그린 알파벳을 따라 색종이 조각을 붙이며 "A, A,

A(에이, 에이, 에이)"하고 발음해 봅니다.

2. 플레이도우(점토) 놀이

　알파벳 모양의 도장을 플레이도우에 찍는 놀이입니다. 알파벳을 A부터 하나씩 꺼내서 찍어보며 알파벳이 어떻게 생겼는지 살펴볼 수 있어요.

　예를 들면, "Apple(사과)"이라고 적힌 단어 카드를 가져와서 단어의 첫 글자인 A를 가리키며 아이에게 "A"(에이)하고 알려 주고 "A, A, Apple(애, 애, 애플)"하면서 알파벳 A의 소리를 들려 주세요.

　"Where is the letter 'A'?(에이가 어디에 있지?)" 하며 단어 카드의 A를 엄마가 가리키면, 아이가 알파벳 도장 중에 A를 스스로 찾아 플레이도우에 찍어 보게 하세요. 나머지 알파벳도 순서대로 찾아서 한 단어를 완성해 보는 것도 좋습니다.

> 플레이도우 Letters & Language 알파벳 놀이 교구

3. 알파벳 노래 & 자석 놀이

엄마와 아이가 함께 알파벳 노래를 따라 부르다가, 노래에서 나오는 알파벳 순서대로 엄마가 종이에 알파벳을 적습니다. 엄마가 다 적고 나면, 아이는 엄마가 적은 알파벳과 똑같은 알파벳 자석을 찾아 같은 모양의 알파벳 위에 올려놓습니다. 아이가 자석을 올려놓을 때마다 엄마가 해당 알파벳 이름을 들려 주세요.

4. 알파벳 스티커북 활용하기

알파벳 스티커북을 하나 사세요. 알파벳이 적힌 스티커를 아이가 하나씩 붙일 때마다 엄마가 알파벳을 손가락으로 가리키며 큰 소리로 읽어 주세요. 아이가 알파벳을 익히고 있지 않은 것처럼 보일 수 있습니다. 한 번에 외우지 못해도 아이 안에 알파벳이 조금씩 쌓이는 중이니 아이가 외웠는지 확인하지 않고 넘어가 주세요.

Writing(쓰기):
놀면서 '쓰기' 준비하기

　　1단계에서 '쓰기'는 아이가 손의 힘을 기르고 끼적이는 재미를 알아가는 단계입니다. 2단계에서 알파벳 쓰기와 단어 쓰기, 문장 쓰기 활동을 본격적으로 시작하므로, 1단계에서는 소근육을 발달시키는 활동, 눈과 손을 함께 활용하여 그림을 그리는 활동을 하는 것이 좋습니다.

　　동그라미를 그리고 선을 긋는 활동도 단순한 놀이가 아니라 쓰기를 준비하는 중요한 과정입니다. 이 시기에 많이 끼적이며 놀아본 아이들은 알파벳과 단어 쓰기 연습을 시작할 때도 쓰는 재미를 느낍니다. 엄마와 끼적이기 활동을 자주 했던 저희 아이들도 이 과정이 바탕이 되어 일기 쓰기까지 쉽게 진행할 수 있었습니다.

책에서 본 그림을 그려 보기

엄마가 읽어 준 책에 나온 그림을 그려 보게 하세요. 아직 아이가 그린 그림의 형체가 분명하지 않을 수 있지만, 이 활동으로 아이의 손에 힘을 기를 수 있으니 잘 그리지 않아도 괜찮습니다.

예를 들어, 엄마가 아이에게 책을 읽어 준 뒤 이렇게 말해 보세요. "What do you want to draw?(무엇을 그리고 싶니?)" "Let's draw a cat.(고양이 그려 보자.)" 아이와 함께 고양이를 그리면서 "Draw, Draw, Draw."라고 말하면, 아이는 "Draw."가 '그리다'는 뜻인 것을 알 수 있습니다.

따라 그리기 & 쓰기

엄마가 동그라미, 세모, 네모, 직선, 지그재그 등을 점선으로 그려 주세요. 그리고 아이에게 "Trace the line.(선을 따라 그리렴.)"이라고 하면서 점선을 따라 그리도록 유도해 주세요. 알파벳도 마찬가지로 하시면 됩니다. 알파벳을 점선으로 그린 뒤 아이에게 "Trace the letter.(글자를 따라 쓰렴.)"이라고 말하고, 아이가 따라 쓰게 해 주세요.

글자 색칠하기

엄마가 종이에 알파벳 하나를 그려 주세요. 그릴 때 아이가 알파벳에 색칠할 수 있도록 알파벳을 두껍게 그려 주세요. 아이에게 이 알파벳이 무엇인지 알려 준 뒤, 아이와 함께 알파벳을 색칠하세요.

예를 들어, 알파벳 "A(에이)"를 보여 주며 "Let's color the letter A!(에이를 색칠해 보자!)", "Which color do you want to use?(어떤 색깔로 색칠하고 싶니?)"하고 아이가 색칠할 색깔을 고를 수 있게 합니다. 아이가 선택한 색깔을 영어로 말해 주며 함께 색칠합니다.

나뭇가지로 알파벳 그리기

아이와 야외에서 할 수 있는 활동입니다. 엄마가 땅에 나뭇가지로 알파벳을 그리고, 아이에게 알파벳이 무엇인지 알려 줍니다. 그리고 아이가 알파벳을 반복해서 발음하면서 알파벳 모양을 따라 걸어 보게 합니다. "It's the letter 'H'.(이건 '에이치'야.)", "Let's walk along the letter 'H'.(에이치를 따라 걸

어 보자.)" 아이도 나뭇가지로 엄마가 그린 알파벳을 흉내 내
어 그려 보게 해 주세요. 아이가 그린 알파벳 위를 엄마와 아
이가 함께 따라 걸어도 좋습니다.

1단계 쓰기 연습 추천 교재

Wipe Clean: Pen Control
(출판사: Priddy Books)

Pre-K Wipe-Clean Workbook
(출판사: Scholastic)

1단계 내 아이 영어 시간표

월	화	수	목	금

영어 노래 오전·오후 30분씩 듣기

엄마, 아빠가 한글책·영어책 각 3권 이상 읽어 주기

영어 놀이 5~10분
집중적으로 엄마와 단어, 말하기, 쓰기 등을 연습하는 시간

영어 영상 20분 시청

오늘 읽었던 책 음원이나 영어 노래를 들으며 잠들기

Listening(듣기)

1. 매일 쉬운 영어 노래 듣기

2. 두 돌 이후부터 하루 20분씩 영어 영상 보기

3. 엄마, 아빠가 하루 3권 이상 재미있는 영어책 읽어 주기

Speaking(말하기)

1. 쉬운 단어로 따라 말하기

2. 영어 노래 부르기

3. 아이가 원하는 것이 있는 상황 활용하기

Reading(읽기)

1. 단어 습득에 집중하기

2. 알파벳 모양 눈에 익히기

Writing(쓰기)

1. 놀면서 손가락 소근육 힘 기르기

2. 그림 그리고 색칠하기

3. 알파벳 따라 그리기

2단계 목표

파닉스를 배우는 단계

1 영상을 보며 듣기
2 원하는 것을 영어 문장으로 말하기
3 파닉스 규칙을 배우고 쉬운 문장은 스스로 읽기
4 영어 단어로 일기 쓰기

1단계에서 충분한 영어 노출과 습득이 이루어졌다면, 이제 아이는 쉬운 유아용 영어 영상을 어느 정도 즐기며 볼 수 있는 상태가 되었을 것입니다. 이 상태에서 파닉스를 시작하면, 파닉스를 아주 쉽게 배울 수 있습니다.

파닉스(Phonics)란 알파벳 글자가 가진 소리를 배워서 영어를 읽고 쓸 수 있도록 가르치는 교육법입니다. 예를 들면, "Cat(고양이)"를 읽을 때 "C(크) + A(에) + T(트)"와 같이 각 알파벳이 가진 소리를 합쳐 "Cat(캣)"이라고 읽을 수 있도록 하는 것이죠. 파닉스를 배우면 모르는 단어도 쉽게 읽을 수 있지만, 영어에서는 예외적으로 발음되는 경우도 많이 있으니 파닉스 규칙만으로 모든 단어를 정확하게 읽기는 어렵습니다.

그럼에도 불구하고 큰 어려움 없이 처음 보는 단어를 쉽게 읽어내는 아이들이 있는데요. 이는 바로 충분히 선행된 '듣기 노출' 덕분입니다. 충분한 '듣기 노출'로 한번쯤 들어본 영어 표현이 많이 쌓인 아이는 처음 보는 단어도 조금 더 쉽게 읽을 줄 알게 됩니다.

따라서 아이가 2단계에서 읽기에 어려움을 느낀다면 충분한 '듣기 노출'과 단어를 습득하는 시간을 채우는 것에 신경 써 주세요. 2단계에서는 파닉스를 배우는 것에 집중하면서 듣기, 쓰기, 말하기 영역도 꾸준히 연습합니다.

Listening(듣기):
본격적인 '영상 노출' 시작하기

1단계에서 영어 노래 위주로 듣기 훈련을 했다면, 2단계부터는 다양한 단어와 표현을 배울 수 있는 영상을 보며 훈련하기를 추천합니다. 이때 아이가 좋아할 만한 영상을 엄마, 아빠가 직접 찾아 주는 것이 가장 좋습니다. 아무리 인기 있는 영상이라고 해도 내 아이는 좋아하지 않을 수 있으니까요. 내 아이의 흥미와 수준을 고려하여 영어 습득에 적합한 영상으로 골라 주세요. 아이에게 선택권을 주고 싶다면, 엄마, 아빠가 영상을 몇 가지 미리 고른 뒤에 아이가 그중에서 고르는 방법도 있습니다.

영상을 고를 때 고려할 것

1. 연령 및 영어 수준

아이의 연령 및 영어 수준에 비해 어려운 영상은 아이가 이해하기 어렵고, 지나치게 쉬운 영상은 시시해서 아이가 재미를 느끼지 못합니다. 아이의 현재 연령과 영어 수준을 고려하여 최대한 재미있게 볼 수 있는 영상으로 골라 주세요.

2. 단어량 및 빠르기

지나치게 빠른 속도로 많은 단어가 쏟아져 나오는 영상이나 영어 대사가 거의 없는 영상 등은 아이의 영어 습득에 큰 도움이 되지 않습니다. 아이가 이해할 만한 빠르기로 적당한 단어의 분량이 나오는 영상을 골라 주세요.

3. 발음

분명하고 정확한 발음이 나오는 영상을 골라 주세요. 인기가 많은 영상 중에도 부정확한 발음을 사용하는 영상이 있으니, 시청하기 전에 꼭 확인해 주세요.

4. 부모의 교육관

부모마다 교육관이 다르므로, 다른 부모에게는 문제점이 없는 영상이 내 아이에게는 보여 주고 싶지 않은 내용일 수도 있습니다. 따라서 엄마, 아빠가 미리 영상을 본 뒤에 아이에게 보여 주거나, 최소한 첫 화는 아이와 함께 보면서 내용을 확인하는 것이 좋습니다.

엄마, 아빠가 먼저 위의 사항을 고려해 영상을 선별한 뒤, 아이에게 보여 주고 반응을 확인합니다. 아이가 영상을 좋아하는 경우, 해당 영상에서 자주 사용되는 단어를 충분히 습득할 수 있도록 꾸준히 보여 주세요. 아이가 지루해하거나, 새로운 관심사가 생기거나, 듣기 실력이 늘면, 새로운 영상을 찾아서 보여 주세요.

2단계에서도 엄마가 매일 3권 이상의 영어책을 읽어 주는 것이 좋습니다. 유명한 그림책이나 아이가 좋아할 만한 그림책 등을 부지런히 찾아 읽어 주세요. 아이가 스스로 읽을 수 없는 글밥의 책이어도 엄마가 읽어 주면서 설명을 곁들이면, 아이는 재미있게 들을 수 있습니다. 또 아이에게 책에 나오는 모든 단어의 뜻을 알려 주려고 하면 지루해할 수 있으니, 하루에 몇 단어만 정확히 알려 주시는 것이 좋습니다.

Speaking(말하기):
일상에서 짧은 영어 문장 주고 받기

2단계는 말하기 연습이 적극적으로 이루어져야 하는 시기입니다. 2단계에 다다른 아이는 어린이집, 유치원, 학교를 다니며 우리말을 듣고 말할 기회가 많아지는데요. 이 시기에 아이가 집에서 영어로 말할 기회를 자주 만들어 주어야 영어로 말하는 것을 어색하게 느끼지 않아요.

2단계의 아이는 그동안 쌓인 영어 노출 덕분에 알고 있는 영어 단어와 표현이 어느 정도 쌓여 있으므로, 자기가 하고 싶은 말을 조금씩 영어로 표현할 수 있는 상태입니다. 그러니 아이가 영어로 말할 수 있도록 적극적으로 유도해 주시되, '강요받는다'라는 느낌은 들지 않게 해 주세요. 자연스러운 상황에서 말하기를 시키는 것이 가장 좋습니다.

아이가 불편한 상황 이용하기

1단계에서는 아이가 원하거나 필요로 하는 것을 영어 단어로 표현하도록 유도했었는데요. 2단계에서는 그것을 문장으로 말할 수 있도록 연습시켜 주세요.

예를 들어, 아이가 간식을 먹고 싶어 한다면, "Can I have a snack, please?(간식 주실 수 있나요?)"하고 말해야 간식을 먹을 수 있게 하는 거예요. 아이는 지금 간식이 먹고 싶기 때문에 한 문장 정도는 어렵지 않게 영어로 말할 수 있습니다.

이런 상황에서 엄마가 영어 문장의 첫 번째 표현을 말하면 효과적입니다. 엄마가 "Can I~"라고 먼저 말하면, 아이는 어렵지 않게 뒤에 나올 문장을 이어 말할 거예요. 아이가 무슨 말을 어떻게 해야 할지 모른다면, 엄마가 먼저 완전한 문장을 말한 뒤 따라 말할 수 있도록 합니다.

아이가 원하는 것을 문장으로 표현할 때 쓰는 말

I want a candy.	사탕이 먹고 싶어요.
Can I have something to drink, please?	마실 것을 주실 수 있나요?
I want to drink some water.	물을 마시고 싶어요.
Can I have a snack, please?	간식을 먹어도 될까요?
I want to go to the playground.	놀이터에 가고 싶어요.
I want to play with my friend.	친구랑 놀고 싶어요.
I want to play doctor.	병원 놀이를 하고 싶어요.
I want to watch a video.	영상을 보고 싶어요.

파닉스 교재 활용하기

파닉스 교재에서 오늘 학습한 문장을 소리 내어 읽어 봅니다. 아이가 영어로 말할 기회가 적고, 스스로 문장을 만들어 말하기도 어려워하는 경우, 오늘 배운 문장을 소리 내어 읽고 그것을 응용해서 말하게 할 수 있습니다.

예를 들어, 교재에 "I have a blue ball.(나는 파란 공을 가지고 있어.)"이라는 문장이 있다고 해 볼까요? 아이와 집에 있는 장난감을 활용해서 물건을 바꿔가며 "I have a green car.

(나는 초록색 자동차를 가지고 있다.)", "I have a red block.(나는 빨간 색 블록을 가지고 있어.)" 등 다양한 문장을 만들어 말할 수 있습니다.

캐릭터 장난감을 이용한 역할 놀이하기

우선, 아이가 가장 좋아하는 캐릭터가 나오는 영상을 여러 번 반복해서 본 뒤, 해당 캐릭터의 장난감을 구합니다. 장난감을 사고 난 뒤에는 아이와 영상을 볼 때마다 장난감을 꺼내 자연스럽게 영어로 말하며 역할 놀이를 합니다. 엄마가 먼저 영어로 몇 마디만 하면, 아이는 자연스럽게 영어로 대답하면서 놀이를 할 수 있습니다.

아이는 이미 같은 영상을 여러 번 봤고, 해당 캐릭터가 영어로 말하는 것도 많이 본 상태이므로, 아이에게는 영어로 하는 역할 놀이가 상당히 자연스럽게 느껴집니다. 굳이 "영어로만 놀아야 해."라고 하지 않아도 영어 영상, 장난감, 엄마와의 놀이로 자연스럽게 조성된 환경에서는 아이도 자연스럽게 영어로 말이 나오게 됩니다. 물론, 아이가 우리말로 놀고 싶어 할 때에는 "좋아!"라고 하고, 우리말과 영어를 번갈아 사용하며 재미있게 놀아 주세요.

엄마가 영어책을 읽어 주며 질문하기

영어책을 읽어 주기만 하고 끝나면, 아이가 영어로 말할 기회를 얻지 못합니다. 그러니 책을 읽기 전 책 표지를 보며 아이에게 질문을 하고, 책을 읽는 중이나 책을 읽은 후에 책 내용과 관련된 질문을 하며 영어로 말할 기회를 주세요. 매일 다른 질문을 하여 아이가 지루해하지 않게 해 주시고, 질문의 종류와 양도 그때그때 조절해 주세요.

책을 읽으며 할 수 있는 질문	
책 읽기 전	1. What is the title of the book? 책 제목이 무엇이지? 2. Look at the front cover. What do you see? 책의 표지를 보자. 뭐가 보이니?
책 읽는 중	1. What do you see in the picture? 그림에서 뭐가 보여? 2. Where is ○○? ○○ 어딨어? 3. How many ○○ are there? ○○이 몇 개 있어? 4. What is ○○ doing? ○○가 뭐 하고 있어? 5. What is happening in the picture? 그림에서 무슨 일이 일어나고 있어? 6. What do you think will happen next? 다음에 무슨 일이 일어날 것 같니?

	1. What did ○○ do?
	○○가 무엇을 했지?
	2. Why did ○○ do that?
	○○가 왜 그런 행동을 했지?
	3. What was your favorite part of the story?
	어느 부분이 가장 좋았어?
	4. Was there anything in the book that surprised you?
	책을 읽다가 놀란 부분이 있었니?
책 읽은 후	5. What would you do if this was you?
	너라면 어떻게 했을 것 같아?
	6. Were there any new words that you learned from the book?
	책을 읽으면서 새로 알게 된 단어가 있었어?
	7. Do you have any questions after reading the book?
	책을 읽고 나서 궁금한 점이 있어?
	8. Did you like this book? Why or why not?
	이 책 좋았어? 왜 좋았어? 혹은 왜 안 좋았어?

Reading(읽기):
파닉스 배우기

제가 첫째 아이와 둘째 아이에게 읽기를 가르친 방법은 조금 다릅니다. 첫째에게는 알파벳의 이름을 먼저 알려 주고 나서, 각 알파벳이 내는 소리를 알려 주었습니다. 그런 뒤에 바로 읽기 연습에 들어갔어요. Mom, Dad, Sister, Love, Frozen, Anna, Elsa, Sven 등 아이가 최근 관심 있어 하는 단어를 적은 단어 카드를 만들어 연습했지요.

오늘 3~5개의 단어를 읽고, 다음 날에는 어제 읽은 단어와 새로운 단어를 합쳐서 읽는 방식으로 진행했습니다. 매일 읽는 단어의 개수를 조금씩 누적해서 단어를 읽어갔어요. 먼저 엄마를 따라 단어를 읽고 나서 아이가 다시 혼자 읽는 활동은 5분도 채 걸리지 않았습니다.

한 달 정도 단어 카드로 읽기 연습을 한 뒤에는 사이트워드(Sight word. 한눈에 읽을 수 있도록 통문자로 배우는 단어.)가 포함된 문장이 적힌 교재를 사서 매일 5~7문장씩 읽기 연습을 했어요. 첫째는 저를 따라 문장에 있는 단어를 하나씩 손가락으로 짚어가며 읽었습니다. 짚어가며 읽는 연습을 반복하자 아이 눈에 각 단어가 익숙해졌고, 나중에는 스스로 읽을 줄 알게 되었어요.

첫째 아이가 손가락으로 단어를 짚어가며 스스로 읽게 되기(3단계)까지는 2~3개월 정도가 걸렸습니다. '단어 카드 읽기'와 '사이트워드 통문자로 읽기'는 아이가 읽기를 빨리 터득하는 데에 효과적이었지만, 파닉스 규칙에 따라 읽는 법을 가르쳐주지는 못했어요. 그래서 3단계를 진행하면서 제가 옆에서 파닉스 규칙을 계속 설명해 주어야만 했습니다.

그래서 둘째 아이는 처음부터 파닉스 교재로 읽기를 시작했어요. 아이와 차근차근 파닉스 규칙을 훑어나가면서 '단어 카드 읽기'와 '사이트워드 통문자로 읽기' 연습을 병행했는데요. 아이가 적어도 파닉스 교재에 나오는 예시 문장은 스스로 읽어 볼 수 있도록 했습니다. 교재에 나오는 예시 문장을 읽을 수 있으면, 책도 읽을 수 있으니까요.

둘째는 40개월 정도까지 약 2~3년의 영어 노출이 선행되었던 덕분에 파닉스 교재를 어렵게 느끼지 않았고, 1년 안에 파닉스 교재 5권을 모두 풀 수 있었습니다.

파닉스 교재를 이용하면 엄마가 무엇부터 가르쳐야 할지 고민하지 않고 교재의 순서에 따라 진행할 수 있습니다. 파닉스 규칙을 꼼꼼하게 짚어줄 수 있다는 장점도 있고요.

한글을 가르칠 때도 모든 부모가 같은 방법으로 한글을 가르치지 않습니다. 자음과 모음을 따로 가르치고 시작하는 분들도 있고, 단어를 통으로 읽도록 가르치는 분들도 있어요. 영어 읽기도 마찬가지이기 때문에, 어떤 방법이든 엄마가 가르치기 쉽고 아이가 이해하기 좋은 방법을 선택하시면 됩니다.

읽기 배우는 순서

1. 알파벳 배우기(대문자, 소문자)

1) 먼저 알파벳 대문자가 적힌 단어 카드를 순서대로 펼쳐 두고 손가락으로 하나씩 짚어가면서 ABC 노래를 불러 봅니다. 엄마가 한 번, 아이가 한 번, 둘이 함께 한 번, 느리게 한 번, 빠르게 한 번 등 방법을 바꿔가며 지루하지 않게 여러 번 불러 보세요. 하루 만에 다 외워지지 않아도 괜찮습니다. 며칠

을 이어서 계속 가볍게 반복합니다.

2) 대문자를 거의 다 외우면, 소문자도 같은 방법으로 학습합니다.

3) 소문자를 다 외운 뒤에는 대문자와 소문자를 매칭하는 연습을 합니다. 알파벳 자석을 이용해서 대문자 A 옆에 소문자 a를 찾아 붙이는 짝짓기 활동을 하면 재미있습니다. "Capital A, small a.(대문자 A, 소문자 a)", "Capital B, small b.(대문자 B, 소문자 b)"하고 해당 알파벳을 집을 때마다 소리 내어 말하면서 아이가 따라 할 수 있게 해 주세요.

4) 알파벳 단어 카드를 섞어서 바닥에 펼쳐 둡니다. 엄마가 알파벳을 말하면 아이가 찾기 놀이를 해 보세요. "Where is the letter 'D'?(알파벳 'D'가 어디 있을까?)", "Can you find it?(찾을 수 있어?)", "Let's find the letter 'E' together.(우리 함께 'E' 찾아 보자.)" 아이가 카드를 다 찾고 나면, 다음에는 아이가 말하는

단어를 엄마가 찾아보세요. "What letter do you want me to find?(엄마가 어느 알파벳을 찾아 주면 좋겠어?)"

2. 각 알파벳의 소리에 익숙해지기

알파벳 노래를 활용해서 이번에는 알파벳이 내는 소리로 노래를 불러 봅니다. "A(에이), B(비), C(씨), D(디)"하고 부르는 대신에 "A(에), B(브), C(크), D(드)"라고 부르는 거예요. 대문자 카드를 알파벳 순서로 나열한 뒤에 손가락으로 짚어 가며 노래를 불러 보고, 아이가 어느 정도 익히면 소문자 카드로도 진행합니다.

엄마가 알파벳 A를 가리키며 "A says?(A는 무슨 소리를 내지?)"하고 질문하면 아이가 "A(에), A(에)."하고 답하는 방법도 있습니다. 알파벳의 소리를 떠올리는 것은 앞으로 읽기를 연습하는 과정에서 아이가 무수히 반복하게 될 거예요.

3. 파닉스 규칙 배우기

파닉스 교재를 순서대로 풀면서 파닉스 규칙을 배웁니다. 교재에 예시로 나오는 단어나 문장을 꼭 읽어 보고 넘어갈 수 있게 해 주세요. 이때 엄마, 아빠도 교재를 함께 보며 파닉스 규칙을 어느 정도 알아 두시면 3단계에서 아이에게 책 읽기를 가르쳐 주실 때 좋습니다.

Phonics Song for Children

(출처: 유튜브 'Patty Shukla Kids TV – Children's songs')

Phonics Song 2

(출처: 유튜브 'KidsTV123')

ABC Letter Sounds

(출처: 유튜브 'ABC Moonsweeti')

A is for Apple

(출처: 유튜브 'Alphablocks')

1. 알파벳 이름을 배운다.

2. 각 알파벳이 내는 소리를 배운다.

3. a, e, i, o, u의 단모음(short vowel) 소리를 배우고 나서, 세 글자로 된 단어를 읽는 연습을 한다. (예: c + a + t = 크 + 애 + 트 = 캣)

4. a, i, o, u의 장모음(long vowel) 소리를 배우고 나서, 단어의 마지막 글자가 e일 때, 단어에 쓰인 모음이 자신의 알파벳 이름과 같은 소리를 낸다는 규칙을 따라 네 글자로 된 단어를 읽는 연습을 한다.(*예외 있음)
(예: m+a+d+e = 음 +에이+드 = 메이드)

5. bl, br, gl, nk, ph, ch, sh 등 두 개의 자음이 합쳐진 소리를 배우고, 여러 글자로 된 단어를 읽는 연습을 한다.
(예: gl + a +ss = 글 + 애 + 스 = 글래스)

6. ee, ea, oa, ow, ai, ay 등 두 개의 모음이 합쳐진 소리를 배우고, 여러 글자로 된 단어를 읽는 연습을 한다.
(예: b +ee = 브 + 이 = 비, t + oy = 트 + 오이 = 토이)

4. 엄마표 단어 카드

아이가 좋아하는 영어 단어, 가장 자주 접하고 사용하는 단어를 프린트하여 단어 카드를 만들어 주세요. 책상에 쭉 줄지어 두고 순서대로 읽을 것이니 카드가 너무 크지 않은 것이 좋습니다.

3~5개의 단어 카드를 일렬로 놓고, 엄마가 먼저 순서대로 읽는 것을 보여 주세요. 그런 뒤에 엄마가 한 단어를 읽

으면, 아이가 따라 읽는 방법으로 한 번씩 더 읽이 주세요. 아이가 스스로 손가락으로 단어를 짚어가며 읽게 해도 좋습니다. 아이에게 천천히 생각할 시간을 주되, 아이가 단어를 전혀 모를 때는 오래 기다리지 마시고 단어를 알려 주세요. 아이가 지루해하지 않도록 여러 번 반복하지 않는 것이 좋습니다.

다음 날이 되면, 어제 읽은 단어에 2~3개의 새로운 단어 카드를 추가한 뒤 똑같이 진행합니다. 그러다가 엄마의 도움 없이도 쉽게 읽어내는 단어가 생기면, 해당 단어 카드는 제외시켜 주세요.

5. 알파벳 자석을 이용한 단어 만들기

알파벳 모양의 자석으로 단어를 만들어 보는 활동입니다. 엄마가 "Cat!(고양이)"하고 말하면 아이가 C, A, T를 찾아서 "C(크), A(애), T(트)"하고 발음하면서 자석 칠판에 단어를 만들어 보게 해 주세요. 그날 파닉스 교재에서 배웠던 단어 등 아이가 어느 정도 익숙한 단어를 만들게 하면, 아이에게 자신감을 심어줄 수 있습니다. 아이가 철자를 모른다면, 해당 단어가 나오는 책의 페이지를 펼쳐서 아이가 스스로 단어를 확인한 뒤에 단어를 만들어 보게 합니다.

이 활동은 파닉스 규칙에서 세 글자로 된 단어를 배운

뒤 복습할 때 활용해도 좋습니다.

6. 사이트워드 및 사이트워드를 포함한 문장 읽기

사이트워드(Sight word)란 단어를 보자마자 알 수 있는 단어로, 통문자로 익히는 연습이 필요한 단어입니다. 'The'나 'Or'처럼 그림이나 말로 설명하기 어려운 단어, 파닉스 규칙으로 읽을 수 없는 단어, 글에 자주 등장하는 단어 등이 사이트워드에 포함되는데요. 사이트워드를 잘 연습해 두면 글을 빠르고 쉽게 읽는 데 도움이 되니, 아이가 본격적으로 책을 읽기 전에 배워 두면 좋습니다.

사이트워드가 포함된 문장을 연습하는 방법

1. 엄마가 리듬을 넣어(챈트) 문장을 읽은 뒤, 아이가 따라 읽습니다.

2. 엄마와 아이가 함께 읽습니다.

3. 단어마다 박수를 치면서 함께 읽습니다.

4. 문장의 뜻을 행동이나 표정으로 흉내 내며 읽어 봅니다.

5. 엄마 목소리, 아빠 목소리, 할머니 목소리, 할아버지 목소리, 공주 목소리, 호랑이 목소리 등 다양한 목소리로 변형하여 함께 읽어 봅니다.

6. 아이가 문장을 외웠으면, 아이 혼자 단어를 하나씩 손가락으로 짚어가며 읽게 합니다. 이렇게 하면 아이가 읽기 연습과 단어 연습을 동시에 할 수 있어서, 다음에 해당 단어를 보게 되었을 때 쉽게 읽을 수 있습니다.

100 Super Sight Word Poems
(출판사: Scholastic)

Sight Word Poetry Pages
(출판사: Scholastic)

EFL Phonics 1권
(출판사: e-future)

스마트파닉스 1권
(출판사: e-future)

Writing(쓰기): 단어 쓰기

1단계에서 충분히 알파벳과 친해지고 글자를 쓸 수 있는 손 힘이 길러졌다면, 2단계부터는 쓰기 연습을 시작할 수 있습니다. 파닉스 교재에도 쓰기 활동이 나오기 때문에 파닉스 교재를 진행하는 것만으로도 기본적인 쓰기 연습이 됩니다. 영어권 국가의 유치원과 초등학교에서도 쓰기 활동은 중요하게 다뤄지고 있으니 하루에 한 번, 단 몇 개의 단어라도 아이가 써 볼 수 있게 해 주세요.

2단계에서는 아이가 쓰기에 흥미를 갖는 것에 초점을 맞춰 주세요. 아이가 철자를 틀리게 쓴다거나 오류가 있다면, 아이가 쓰기 활동에 재미를 느끼는 데 방해되지 않을 정도로만 바로잡아 주세요. 예를 들어, 여러 오류 중에 'b'를 'd'로 잘못 쓴 오류 하나만 언급해 주고 넘어가는 겁니다. 이렇게 하면 아이의 쓰는 재미를 해치지 않으면서도 자연스럽게 교정이 이루어질 수 있습니다.

그림 맞추기 놀이

먼저 단어 카드를 5~10개 정도 펼쳐 두고 아이와 함께 손가락으로 단어를 짚어가며 읽어 봅니다. 2단계에서는 파닉스를 배우는 중이니 파닉스 규칙에 맞는 단어들은 알파벳 소리도 한 번씩 소리 내어 읽으면 좋습니다.

엄마가 5~10개의 단어 카드 중 하나를 선택합니다. 그리고 해당 단어와 연관된 그림을 칠판이나 종이에 그려 주세요. 이때 전체를 그리지 않고, 일부만 그려 줍니다. 그리고 칠판 한 쪽에 해당 단어의 알파벳 수만큼 빈칸을 그려 주세요. 아이는 그림 일부만을 보고 단어가 무엇인지 맞히도록 합니다.

아이가 그림이 무엇인지 맞혔다면, 해당 단어 카드를 찾아 카드를 보면서 빈칸에 답을 쓰게 해 주세요. 아이가 재미있어 한다면 여러 번 반복하셔도 좋습니다.

단어 맞추기 놀이

아이가 새로운 단어를 여러 개 배웠을 때 하기 좋은 놀이입니다. 먼저 아이와 함께 오늘 새롭게 배운 단어를 손가락으로 가리키며 읽어 봅니다. 그리고 그 중 한 단어를 고른 뒤 엄마가 알파벳의 순서를 뒤죽박죽 섞어 적습니다. 예를 들어, 'rain'을 'n, a, i, r'이라고 적는 거예요. 그리고 아이에게 오늘 배운 단어의 목록을 보면서 답이 무엇인지 맞히게 합니다. 이 놀이가 아이에게 익숙해지면 엄마와 아이가 역할을 바꾸어도 좋습니다.

알파벳을 오려서 단어 만들기 놀이

광고지, 신문, 포장지 등에 있는 알파벳을 오려서 하는 놀이입니다. 엄마가 여러 알파벳 조각을 펼쳐 두면, 아이가 알파벳을 조합하여 단어를 만드는 거예요.

예를 들어, 아이가 "Cat"을 배웠다면 "C(크), a(애), t(트)"하고 알파벳 소리를 내면서 알파벳 조각을 조합하여 단어 "Cat"을 만드는 거예요. 아이가 그림 그리기를 좋아한다면, 단어를 완성한 뒤 옆에 그림을 그려서 나만의 단어 카드를 만들어도 좋습니다.

영어 단어로 그림일기 쓰기

단어 하나로 그림일기를 써도 좋습니다. 먼저 아이가 오늘 하루에 있었던 일을 그림으로 그리면, 엄마가 그림에 등장한 것 중 하나를 골라 영어 단어를 적어 주는 거예요. 아이는 엄마가 적은 영어 단어를 따라 쓸 수 있습니다.

저는 1~2주에 한 번 정도는 단어 그림일기를 쓰게 했고, 실제로 큰 효과를 봤습니다. 아이가 조금씩 일기 쓰기가 무엇인지 이해했고, 익숙해져 갔어요. 이 활동은 한 페이지를 꽉 채우는 영어 일기를 쓰기 위한 준비 운동이라고 생각하시면 좋습니다.

영어 단어 그림일기 예시

Reading and Math: Jumbo Workbook
(Grade K)

(출판사: Scholastic)

Dr. Seuss Workbook: Kindergarten

(출판사: Bright Matter Books)

Kindergarten Big Fun Workbook

(출판사: Highlights Learning)

100 Write-And-Learn Sight
Word Practice Pages

(출판사: Scholastic)

2단계 내 아이 영어 시간표

월	화	수	목	금

영어 노래 오전·오후 20분씩 듣기

엄마, 아빠가 한글책·영어책 각 3권 이상 읽어 주기

하루 10분 파닉스 교재 풀기

영어 놀이 활동 10분 혹은 쓰기 교재 10분

영어 영상 30분 시청

오늘 읽었던 책 음원이나 영어 노래 들으며 잠들기

Listening(듣기)

1. 본격적인 영어 영상 노출 시작하기

2. 영어 노래 계속 활용하기

3. 엄마, 아빠가 하루 3권 이상 재미있는 영어책 읽어 주기

Speaking(말하기)

1. 아이가 불편한 상황 이용하기

2. 단어 대신 문장으로 말하는 연습 하기

3. 교재와 영상 속 문장 활용해서 말해 보기

Reading(읽기)

1. 알파벳과 파닉스 규칙 배우기

2. 단어 카드로 읽기 연습하기

3. 사이트워드 읽기 연습하기

Writing(쓰기)

1. 파닉스 교재 풀면서 쓰기 연습하기

2. 단어 쓰기로 영어 일기 시작하기

3. 놀이를 활용하여 쓰는 연습 자주 하기

리더스북을 읽는 단계

1 다양한 주제의 영어 영상을 보며 단어 쌓기
2 역할 놀이하며 영어 말하는 기회 만들기
3 하루 한 권씩 리더스북 스스로 읽기
4 한 문장으로 일기 쓰기

3단계부터는 본격적으로 책 읽기 연습을 할 차례입니다. 엄마 입장에서 아이에게 '스스로 읽기'를 가르치려면 조금 막막하게 느껴질 수 있지만, 그동안 영어 노출이 차곡차곡 쌓인 아이라면 월요일부터 금요일까지 단 5~10분의 읽기 연습만으로도 점점 리더스북을 잘 읽을 수 있게 됩니다.

2단계에서 파닉스를 다 배운 뒤에 책 읽기를 시도했음에도 불구하고 아이가 책 읽기를 힘들어할 수 있습니다. 이것은 그동안의 영어 노출이 충분하지 않기 때문일 수 있어요. 영어 노출이 충분히 쌓이지 않은 아이들은 아는 단어가 적기 때문에, 책 읽기가 어렵게만 느껴지기 쉽습니다.

이런 때에는 아이가 아는 단어가 많이 나오는 쉬운 책으로 시작하시는 것이 좋습니다. 또 영어 노출을 이어가면서, 아이가 아는 단어가 많아질 수 있도록 옆에서 도와주는 것이 필요합니다.

Listening(듣기):
다양한 영상으로 듣기 노출하기

    3단계부터는 수학, 과학, 요리, 운동, 만들기 등 다양한 주제로 된 영상을 적극적으로 보여 주는 것이 좋습니다.(51쪽 참고) 이를 통해 애니메이션만 볼 때는 습득할 수 없었던 다양한 어휘와 풍부한 상식을 함께 얻을 수 있습니다.

    저는 유튜브를 적극적으로 활용했어요. 영어로 아이들에게 요가를 가르쳐주는 'Cosmic Kids yoga'라는 채널이 있는데요.(53쪽 참고) 두 아이가 보고 따라 할 수 있도록 몇 번 보여 주었더니, 놀이 시간에 영상 속 선생님의 말을 그대로 따라 하며 요가 놀이를 했습니다. "Cross your legs and bring your hands together at your heart.(아빠 다리로 앉아서 가슴에 손을 모으세요.)"

'SciShow Kids'(사이 키즈)라는 채널은 유아를 위한 과학 영상을 주로 다루는 채널입니다.(57쪽 참고) 과학 어휘와 상식을 동시에 습득할 수 있습니다.

아이가 다양한 영상을 즐기는 동안, 영상의 내용 자체에 집중하게 되면서 영어 영상을 점점 더 자연스럽게 받아들이게 됩니다.

3단계는 엄마가 매일 영어책을 읽어 주는 루틴이 꼭 필요한 마지막 단계입니다. 4단계가 되면 아이가 스스로 읽거나 음원을 들으면서 읽는 시간이 늘어나므로, 엄마, 아빠가 책을 읽어 주는 시간은 자연스럽게 줄어드는 게 일반적입니다. 그러니 아이에게 책을 많이 읽어 줄 수 있는 마지막 단계라고 생각하시고, 재미있는 책을 적극적으로 찾아 읽어 주세요.

유명한 베스트셀러 그림책, 우리 아이의 요즘 관심사에 맞는 그림책 등을 찾아서 읽어 주세요. 3단계의 아이는 스스로 글을 읽는 것이 완전히 편안한 상태는 아니니, 엄마가 책을 읽어 주면 아이는 그림을 자세히 보거나 상상을 하면서 책을 더 즐길 수 있습니다.

그림책 읽어 주는 유튜브 채널

Storyline Online

(출처: 유튜브 'Storyline Online')

Brightly Storytime

(출처: 유튜브 'Brightly Storytime')

StoryTime at Awnie's House

(출처: 유튜브 'StoryTime at Awnie's House')

Speaking(말하기): 영어로 하는 역할 놀이

3단계부터는 아이가 하고 싶어하는 말을 그때그때 더 적극적으로 말해 볼 수 있게 도와주는 것이 좋습니다. 엄마, 아빠가 설사 아이의 실수를 잡아주지 못한다고 하더라도 괜찮습니다. 영어책 읽기와 영어 영상 노출, 영어 교재 풀이 등을 계속 병행하게 되니만큼 자연스럽게 교정될 거니까요. 지금은 아이가 하고 싶어하는 말을 마음껏 영어로 표현해 볼 수 있도록 기회를 만들어 주는 것이 가장 중요합니다.

역할 놀이

　시장 놀이, 병원 놀이, 아이스크림 가게 놀이, 식당 놀이 등 다양한 역할 놀이를 아이와 같이 해 보면 좋습니다. 우리나라에서는 위와 같은 장소에서 영어로 대화를 할 기회가 없으므로, 역할 놀이를 하면서 할 수 있게 해 주면 좋습니다.

아이스크림 가게 놀이

　큰 종이로 가게 메뉴판을 만들어 보세요. 메뉴판을 만든 뒤, 엄마와 아이가 아이스크림 가게 주인과 손님이 되어 서로 대화를 나눠 보세요. 아이가 스스로 메뉴 몇 가지를 적어 보게 해도 좋고, 집에 있는 장난감을 활용하거나 색종이

아이스크림 가게 메뉴판 예시

아이스크림 가게 메뉴판에 쓰일 만한 표현	
아이스크림 맛 종류	Strawberry, Banana, Grape, Cherry, Watermelon, Peach, Blueberry
컵/콘 종류	A cup of ice cream A cone of ice cream

로 아이스크림을 만들어서 활용해도 좋습니다.

소리 내서 책 읽기

하루 5~10분 정도는 아이가 스스로 소리를 내서 책을 읽게 해 주세요. 하루 5~10분이면 쉬운 리더스북 1권을 끝낼 수 있을 정도의 시간입니다. 그리고 그 시간 외의 자유 시간에는 엄마가 책을 놀이처럼 읽어 주는 것이 좋습니다. 3단계의 아이에게는 혼자 책을 읽는 것이 좀 버거울 수 있으니까요.

엄마랑 놀이처럼 읽는 법

1. 아이가 페이지마다 첫 문장을 읽고 나머지는 엄마가 읽습니다.

2. 엄마가 쭉 읽다가 갑자기 멈추면 다음 단어를 아이가 읽거

Which flavor would you like?
어떤 맛 드시겠어요?

What kind of flavors do you have?
어떤 맛이 있나요?

We have strawberry, grape, apple, kiwi, peach, banana, and chocolate flavors.
딸기, 포도, 사과, 키위, 복숭아, 바나나, 초콜릿 맛이 있습니다.

May I have a cone of chocolate ice cream, please?
초콜릿 맛 아이스크림콘을 주시겠어요?

Would you like a cup or a cone?
컵으로 드릴까요, 콘으로 드릴까요?

Cup, please.
컵으로 주세요.

Cone, please.
콘으로 주세요.

For here, please.
먹고 갈게요.

Three spoons, please.
숟가락 세 개 주세요.

It's sweet!
달콤하네요!

It's cool!
시원하네요!

병원 놀이에서 사용할 만한 영어 표현

Welcome.
어서 오세요.

It is a children's hospital.
어린이 병원입니다.

Please wait.
잠시만 기다려 주세요.

I will call your name when it is your turn.
차례가 되면 이름을 불러드릴게요.

Let me check your temperature with the thermometer.
체온계로 체온을 재겠습니다.

Let me check your weight. Get on the scale.
몸무게를 확인하겠습니다. 체중계에 올라가 보세요.

Let me check your height.
키를 재겠습니다.

Let me hear your heart beat.
심장 소리를 들어보겠습니다.

I have a fever.
열이 있어요.

I'm coughing.
기침이 나요.

I have a sore throat.
목이 아파요.

I have a stomachache.
배가 아파요.

I have a broken arm.
팔이 부러졌어요.

I have a broken leg.
다리가 부러졌어요.

Let me put a cast on your arm.
팔에 깁스를 해드리겠습니다.

Let me give you some medicine.
약을 드리겠습니다.

Take it three times a day.
하루에 세 번 드세요.

You need a shot.
주사를 맞으셔야 합니다.

I will give you a shot.
주사를 놔 드리겠습니다.

Let me put a bandaid on it for you.
반창고를 붙여 드리겠습니다.

Here is some candy for being so brave.
용감하게 했으니 사탕을 줄게요.

나 나머지 문장을 아이가 읽습니다.

3. 엄마와 아이가 한 문장씩 번갈아 읽습니다.

4. 엄마와 아이가 한 페이지씩 번갈아 읽습니다.

5, 엄마가 쭉 읽다가 아이랑 미리 정해둔 특정 단어가 나오면
아이가 읽습니다.

아이와 일상에서 영어로 대화하기

　　일상에서 아이에게 자주 영어로 말해 주세요. 예를 들어, 정리 정돈을 해야 할 일이 있다면, 엄마가 정리 정돈을 할 때 활용할 수 있는 표현을 하나 골라 바로 사용해 보세요. 정리 정돈을 할 때 아이에게 영어로 말해 보는 거예요. 엄마가 먼저 해당 표현을 말하고, 아이에게 따라 하도록 합니다. 아이가 따라 말하면서 엄마와 함께 정리 정돈을 한다면 해당 표현을 더욱 잘 기억할 수 있습니다.

　　엄마가 일상에서 활용하기 좋은 표현을 부록(280쪽 참고)에 정리해 두었으니 참고하셔도 좋습니다.

Reading(읽기): 리딩 타임 시작하기

리더스북이란 스스로 책 읽는 연습을 시작하는 아이들을 위한 책입니다. 글자가 크고 문장이 짧지요. 아이가 조금만 노력하면 금방 한 권을 끝낼 수 있는 게 리더스북이에요. 그래서 아이가 스스로 책을 끝내는 성취감을 쉽게 느낄 수 있다는 장점이 있어요.

리더스북은 보통 1단계에서 3단계로 이루어져 있습니다. 단계가 높아질수록 글밥이 조금씩 늘어나요. 글밥이 적고 쉬운 책을 고른 뒤, 엄마와 아이가 함께 읽으면서 시작하면 좋습니다. 아이가 천천히 손가락으로 알파벳을 짚어가며 소리 내어 읽게 해 주세요. 이때 한 권을 다 읽는 데 걸리는 시간이 10분 내외가 되는 것이 좋습니다.

책을 고를 때는 최대한 아이가 쉽게 읽어낼 수 있는 책으로 골라 주세요. 아이가 힘들다고 느끼지 않아야 즐겁게 읽고 몇 번 반복해서 읽었을 때 책에 있는 문장이 그대로 외워집니다. 책에 있는 문장이 그대로 외워지고 나면 엄마의 도움 없이 아이가 스스로 책을 읽을 수 있게 되어 읽기에 자신감이 붙을 거예요.

리딩 타임

3단계부터는 월 to 금 엄마표 학습 루틴 시간표에 '리딩 타임'이 새롭게 들어갑니다. 리딩 타임은 엄마가 아이의 수준과 흥미에 맞게 고른 책을 집중적으로 읽는 시간이에요. 꾸준히 영어책 읽는 연습을 하고 수준을 높여가는 방법입니다. 아이가 재미있어할 만한 책, 아이에게 버겁지 않은 분량을 정해 주세요.

리딩 타임 이외의 자유 시간에는 아이에게 책 선택권을 주는 것이 좋습니다. 아이가 읽고 싶을 때, 읽고 싶은 책을 아무거나 골라서 원하는 만큼 읽고 멈출 수 있게 해 주세요. 자유 시간에는 엄마, 아빠가 전혀 관여하지 않는 것이 좋습니다.

엄마와 아이가 함께 리더스북 읽는 법

1. 엄마가 먼저 아이에게 책을 한 번 읽어 줍니다. 이때 아이의 집중도가 떨어지지 않도록, 빠른 속도로 가볍게 읽어 주는 것이 좋습니다. 만약 아이가 이미 어느 정도 스스로 읽을 수 있는 수준이라면, 이 단계는 넘어가셔도 됩니다.

2. 두 번째 읽을 때는 엄마와 아이가 함께 읽습니다. 먼저 엄마가 각 단어의 알파벳 글자를 하나씩 가리키며 소리 내어 읽으면, 아이가 엄마를 따라 소리 내어 읽습니다. 그린 뒤 긱 알파벳의 소리를 이어서 단어 전체를 읽습니다. 파닉스 규칙에 벗어나는 글자가 나오면, 엄마가 먼저 발음해 주세요.

3. 첫날 읽은 책을 둘째 날에도 읽습니다. 처음 읽기 연습을 할 때는 같은 책을 최대한 여러 번 반복해서 읽는 것이 좋습니다. 반복할수록 아이가 점점 더 쉽게 책을 읽어낼 수 있게 되고, 책에 나오는 단어와 문장을 다 외울 수 있게 되기 때문입니다.
아이가 지루해하지 않는 선에서 반복하여 읽어봅니다. 반복해서 읽을 때는 아빠 목소리로 읽기, 엄마 목소리로 읽기, 공룡 목소리로 읽기, 느리게 읽기, 빠르게 읽기 등의 변화를 주면 아이가 더 재미있게 읽을 수 있습니다.

영어 문장 "I made a box."를 엄마와 아이가 함께 읽는 법

I	(엄마가 손가락으로 I를 가리키면서) "아이." (아이는 엄마를 따라) "아이."
M	(엄마가 손가락으로 m를 가리키면서) "음." (아이는 엄마를 따라) "음."
A	(엄마가 손가락으로 a를 가리키면서 "뒤에 e가 있으니까 long A sound!"라고 설명을 덧붙이면서) "에이." (아이는 엄마를 따라) "에이."
D	(엄마가 손가락으로 d를 가리키면서) "드." (아이는 엄마를 따라) "드."
MADE	(엄마가 손가락으로 m부터 e까지 m, a, d, e를 한 번에 쓸면서) "메이드." (아이는 엄마를 따라) "메이드."
A	(엄마가 손가락으로 a를 가리키면서) "어." (아이는 엄마를 따라) "어."
B	(엄마가 손가락으로 b를 가리키면서) "브." (아이는 엄마를 따라) "브."
OX	(엄마가 손가락으로 ox를 가리키며 "o와 x가 만나면 어떤 소리가 나지?" 질문하면서) "악스." (아이는 엄마를 따라) "악스."
BOX	(엄마가 손가락으로 b부터 x까지 b, o, x를 한 번에 쓸면서) "박스." (아이는 엄마를 따라) "박스."

책 읽기가 어느 정도 익숙해지면, 아이가 스스로 알파벳을 하나씩 짚어가며 소리 내어 읽게 해 주세요.

4. 아이 스스로 처음부터 끝까지 읽을 수 있게 되면, 크게 칭찬해 주세요. 아이가 책을 읽는 모습을 영상으로 남기거나 영상을 할머니, 할아버지께 보내 드리는 것도 좋은 방법입니다. 아이가 최대한 읽기의 기쁨과 성취감, 자신감을 느낄 수 있도록 도와주세요.

5. 아이가 읽기에 자신감이 생기면, 그때부터는 매일 새로운 리더스북을 읽어 나가세요. 여러 권의 책으로 다양한 단어를 읽으며 얼리챕터북을 시작할 수 있는 준비를 합니다.

그림책 읽기

3단계의 아이는 예전에 엄마가 읽어 준 그림책도 스스로 읽을 수 있습니다. 그림책 중에서도 리더스북보다 어려운 책이 많으므로, 엄마가 그림책의 수준을 먼저 확인하는 것이 필요합니다. 아이가 그림책을 좋아한다면, 리딩 타임에 읽을 책으로 그림책을 활용하셔도 좋습니다.

파닉스 이후에 할 수 있는 영어 교재

My First Reading 1권

(출판사: e-future)

Bricks Reading 30 1권

(출판사: e-future)

Easy Link Starter 1권

(출판사: NE_Build & Grow)

Writing[쓰기]:
1문장 쓰는 연습 시작하기

1문장 일기 쓰기

    3단계에서는 1문장 일기 쓰기를 시작합니다. 영어 일기 쓰기 활동은 일주일에 한 번만 해도 충분합니다. 대신 일기를 쓰는 요일을 정해 두고 반드시 지킬 수 있게 합니다.

    3단계에서는 아이가 '쓰기'를 재미있다고 느끼고, 자주 쓰게 하는 것이 목표입니다. 그러니 아이에게 틀린 부분을 알려 주는 것은 좋지만 너무 고치는 것에만 집중하기 보다는 쓴 것 자체를 칭찬해 주고 격려해 주세요. 앞으로 많은 독서와 꾸준한 교재 풀이가 병행되므로, 아이가 틀리는 부분은 자연스럽게 교정될 기회가 많으니까요. 따라서 되도록이면 스스로 적게 두고, 아이가 먼저 단어나 철자를 질문할 때에만 알려 주세요.

일기를 처음 쓰는 아이는 어떤 것을 써야 할지 몰라 막막해할 수 있습니다. 아이가 난감해한다면, 아이에게 어떤 주제로 일기를 쓰고 싶은지 물어보고, 주제와 관련된 그림을 먼저 그리게 하는 것도 좋은 방법입니다. 엄마가 예시 문장을 몇 개 알려 주셔도 좋고, 문장의 시작을 운만 떼는 정도로 "I felt~.", "I went~.", "I ate~."하고 말해 주셔도 좋아요. 오늘 있었던 일의 핵심 단어를 몇 개 적어 주고, 아이가 활용하도록 격려해 주셔도 좋습니다.

1문장 일기 예시

일기 쓰기에 활용할 수 있는 문장의 시작	
I ate~.	나는 ~을 먹었다.
I saw~.	나는 ~을 보았다.
I learned~.	나는 ~을 배웠다.
I met~.	나는 ~를 만났다.
I went~.	나는 ~에 갔다.
I felt~.	나는 기분이 ~했다.
I did~.	나는 ~를 했다
I thought~.	나는 ~라고 생각했다.

집에 있는 물건에 이름표 붙이기

아이랑 집에 있는 물건의 이름을 영어로 써 보세요.
포스트잇에 물건의 이름을 적어 해당 물건에 붙여두면, 일상
생활을 하면서 포스트잇을 보게 되기 때문에 단어에 익숙해
지는 효과가 있습니다. 엄마가 멋지게 프린트해서 붙이는 것
도 좋지만, 저는 아이가 비뚤배뚤하게 적은 이름표를 물건에
붙이는 활동이 더 좋았습니다.

Mirror(거울), Door(문), Table(식탁), Desk(책상), Chair(의자), Sofa(소파), Piano(피아노), Hairdryer(헤어 드라이어), Fridge(냉장고), Lamp(전등), Vacuum cleaner(청소기), Dishwasher(식기세척기), Oven(오븐), Washing machine(세탁기), Electric fan(선풍기), Television(텔레비전), Rice cooker(밥솥), Laptop(노트북)

카드 쓰기

특별한 날에는, 엄마, 아빠, 형제, 할아버지, 할머니, 선생님, 친구 등에게 영어 카드를 쓰게 해 보세요. 카드를 쓰는 건 공부라고 느끼지 못하기 때문에 3단계의 아이가 하기에 좋습니다. 아이가 자유롭게 카드를 쓰고, 그림을 그리고 꾸미도록 해 주세요. 아이가 무엇을 써야 할지 몰라 어려워할 때는 엄마가 예문을 써 준 후 아이가 보고 따라 쓸 수 있도록 합니다.

상황별 카드에 적을 수 있는 예문

새해	Happy new year!
밸런타인데이	I love you, Mom. Happy Valentine's day!
생일	Happy birthday, Dad! I love you so much.
초대장	Can you come to my birthday party? I hope you can make it!
병문안	1. Get well soon! 2. I hope you feel better soon.
크리스마스	1. Merry Christmas! 2. I wish you a merry Christmas!

3단계 내 아이 영어 시간표

월	화	수	목	금

영어 교재 10분

리딩 타임: 리더스북 한 권 스스로 읽기 10분

엄마, 아빠가 영어책 1권 이상 읽어 주기

자유 시간에 스스로 책 골라 읽기	영어 일기 (5분)

영어 영상 30분 시청

오늘 읽었던 책 음원 들으며 잠들기

3단계 요약

Listening(듣기)

1. 수학, 과학, 요리, 운동 등 다양한 주제의 영어 영상 시청하기

2. 엄마, 아빠가 매일 책 읽어 주는 시간 갖기(1권 이상)

Speaking(말하기)

1. 소리 내어 책 읽기

2. 일상이나 놀이 시간에 영어로 말할 기회 만들기

Reading(읽기)

1. '리딩 타임' 시작하기

2. 자유 시간에 다독할 수 있는 환경 조성하기

Writing(쓰기)

1. 다양한 영어 쓰기 놀이

2. 1문장 영어 일기 쓰기

4단계 목표 얼리챕터북을 읽는 단계

1 짧은 글 외워서 말해 보기
2 얼리챕터북 스스로 읽기
3 짧은 글 읽고 관련 문제 풀어 보기
4 다섯 문장으로 일기 쓰기

4단계는 눈에 띄게 향상된 아이의 영어 실력을 확인할 수 있는 단계입니다. 불과 얼마 전까지만 해도 글을 읽을 줄 모르던 아이가 수십 페이지의 책을 읽는 모습을 볼 수 있으니까요. 엄마 입장에서는 적은 글밥의 리더스북을 읽다가 페이지 수와 글밥이 확 늘어난 얼리챕터북을 읽을 수 있을지 걱정될 수 있는데요. 지금까지처럼 아이가 즐겁게 소화할 수 있는 양으로만 진행한다면, 얼리챕터북도 충분히 읽을 수 있습니다. 오히려 아이에게 조금씩 도전이 되도록, '미세하게 높은 수준의 책을 제시하는 것'이 아이의 실력을 늘려줄 거예요.

얼리챕터북이란, 리더스북에서 챕터북으로 넘어가기 전에 읽는 책입니다. 챕터북과 형태가 비슷하게 되어있으나 일반 챕터북보다는 글밥이 적고, 리더스북보다는 많습니다. 얼리챕터북도 책마다 난이도와 글밥이 다양한데요. 보통 AR 2~3점대의 책이 많고 80페이지 전후의 분량으로 되어 있습니다. 오디오 음원 재생 시간 기준으로는 약 30~40분 동안 한 권을 들을 수 있는 분량입니다.

아이가 얼리챕터북을 흥미롭게 받아들이고 재미있게 읽을 수 있도록, 아이의 현재 관심사를 고려한 재미있는 책을 골라 주세요. 얼리챕터북을 읽는 단계의 아이는 엄마가 몇 번만 도와주고 나면 그 이후로는 엄마의 도움이 필요 없게 됩니다.

Listening(듣기):
책 음원으로 '듣기 노출' 늘리기

4단계에서는 얼리챕터북을 하루 한 권, 30분 정도 읽는 것이 적절합니다. 30분 동안 책을 읽고, 그날 읽은 책을 음원으로 한 번 더 듣는 것으로 하루 1시간 이상의 영어 노출이 쉽게 확보됩니다.

음원으로 책을 읽는 시기는 생각보다 길지 않아요. 아이가 점점 자신만의 속도로 책 읽는 것을 더 편하게 느끼게 되고, 5단계부터는 음원 없는 책을 많이 읽게 되거든요.

따라서 4단계에서만큼은 책 음원의 장점을 최대한 많이 활용하기를 추천합니다. 책 음원은 아이의 '듣기'와 '읽기'에 상당한 도움을 주니까요. 저도 책 음원을 얼리챕터북 시기에 가장 많이 활용했고, 이때 아이의 영어가 폭발적으로 성장하는 모습을 볼 수 있었습니다. 물론 얼리챕터북 시기 이후에도 음원 듣기의 장점을 계속 활용하고 싶었기 때문에 아이들이 잠자리에 드는 시간이나 자동차로 이동하는 시간을 활용하여 책 음원을 자주 들려주었습니다.

책 음원 활용하는 법

오늘 읽은 얼리챕터북의 책 음원을 아이에게 여러 번 반복해서 들려주세요. 아이 입장에서는 이미 눈으로 한 번 읽어 본 책이기 때문에 음원으로 들으면 더 잘 들리고 내용을 다시 음미하는 효과가 있습니다. 아이가 재미있게 듣는다면 열 번, 스무 번 반복해서 들려주어도 좋아요.

저는 주로 아이가 자려고 침대에 누웠을 때, 자동차로 이동할 때 책 음원을 틀어 주었고, 아이가 듣고 싶어 하지 않거나 더 관심이 가는 활동이 생기면 즉시 멈췄습니다. 아이가 즐겁게 들을 수 있을 때, 아이가 원하는 음원으로 틀어 주세요.

유튜브 활용하기

CD나 음원을 구할 수 없는 책이라면, 책의 제목을 유튜브에서 검색해 보세요. '책 제목 + Read aloud'로 검색하면 책을 읽어 주는 음원이나 영상을 쉽게 구할 수 있습니다. 원어민 어른이 읽어 주는 것도 있고, 원어민 아이들이 읽기 연습처럼 읽는 영상도 있어요.

비슷한 또래의 원어민 아이가 우리 집에 있는 책을 읽고 있는 모습을 보는 것은 듣기 이상의 효과가 있습니다. 아이는 나와 같은 책을 읽는 친구의 모습을 보며 넝어책을 더 자연스러운 것으로 받아들일 뿐만 아니라 읽던 책에 조금 더 관심을 두고 적극적으로 읽으려고 합니다.

Speaking(말하기): 짧은 이야기 외워 말하기

4단계에서는 아이가 아는 단어와 활용할 수 있는 표현이 다양해집니다. 아이가 이미 알고 있는 표현을 입 밖으로 내뱉을 수 있도록 영어로 말할 기회를 매일 만들어 주세요.

짧은 이야기를 외우고 영상 찍기

아이가 오늘 읽은 얼리챕터북에서 가장 재미있었던 부분을 고르도록 합니다. 해당 부분에서 10~20문장 정도를 정한 뒤, 매일 2~3번씩 소리 내어 읽게 해 주세요.

며칠 반복하면서 아이가 내용에 익숙해졌다면, 아이에게 해당 내용을 최대한 실감 나게 읽어 보도록 해 보세요. 놀라는 부분에서는 놀라는 목소리로, 무서운 부분에서는 무서운 목소리로 읽는 거예요. 느리게 읽었다가, 빠르게 읽을 수도 있고, 알맞은 몸짓을 사용하거나 효과음을 만들어 넣어도 좋습니다. 가면이나 배경 등의 소품을 직접 그리고 오려서 만든 뒤 사용해도 좋고요. 이렇게 다양한 방법으로 실감 나게 읽으면 여러 번 반복하더라도 아이가 지루해하지 않습니다.

해당 부분을 음원으로 자주 반복해서 들려주면 정확한 발음을 알 수 있고, 내용도 더 빨리 외워집니다. 이 활동은 집중적으로 말하기 연습을 시키고 싶을 때 활용하시기를 추천드려요. 아이가 내용을 다 외웠다면, 영상으로 찍어 남기고 칭찬해 주세요.

저자의 아이가 얼리챕터북을 외워서 말하는 모습(영상)

더빙하며 놀기

애플리케이션을 이용하면 아이와 함께 더빙하며 놀

수 있습니다. 디즈니 영화나 광고 등의 대사를 듣고 그대로 따라 말하며 녹음하는 방식입니다. 더빙을 제대로 하기 위해서는 같은 문장을 여러 번 반복하며 녹음을 하게 되는데요. 정확한 발음을 듣고 반복해서 말하는 동안 대사가 자연스럽게 외워집니다.

 더빙 애플리케이션

2DUB : Learn to speak naturally

아이가 쓴 일기를 소리 내어 읽기

아이가 스스로 쓴 일기를 소리 내어 읽게 해 보세요. 일기는 아이가 하고 싶은 말을 적은 것이니 일기를 쓰고 읽는 것은 말하기 연습에 도움이 많이 됩니다. 일기가 아니더라도 아이가 글을 쓸 때마다 쓰고 나서 소리 내어 읽어 보게 하면 좋습니다.

Reading(읽기):
하루 30분 얼리챕터북 읽기

아이가 엄마와 책을 읽을 때, 엄마가 읽어 주는 속도에 맞춰 눈으로 글을 따라갈 수 있다면 얼리챕터북을 시작하기 좋은 시기입니다. 다음부터 소개하는 얼리챕터북 읽기 연습을 아이와 함께 시작해 주세요.

얼리챕터북 읽기 연습

얼리챕터북을 시작할 때는 AR 1~2점대의 30페이지 전후 분량으로 된 쉬운 책부터 합니다. AR 1~2점대의 얼리챕터북은 글밥이 많은 리더스북과 수준이 비슷하거나 오히려 더 쉬울 수도 있어요. 얼리챕터북은 아이의 읽기 욕구를 자극하는 흥미로운 내용과 그림으로 구성되어 있으니, 아이의 취향에 맞는 책을 고른다면 아이가 재미있게 읽을 거예요.

제가 선택했던 첫 얼리챕터북은 『FLY GUY』였어요. 저를 포함한 많은 분이 첫 얼리챕터북으로 선택하는 책이지요. 저희 아이들은 『FLY GUY』 시리즈를 책이 찢어지기 직전까지 반복해서 읽었는데요. 반복하는 동안 여러 재미있는 활동도 함께 했습니다. 『FLY GUY』에 나오는 주인공을 종이컵과 색종이로 만들어 보기도 하고, 그림을 그리기도 했어요. 책 음원을 항상 가지고 다니면서 아이들이 차에 탈 때마다 틀어 주었고요. 이와 관련한 재미있는 에피소드가 있습니다.

첫째 아이가 『FLY GUY』를 읽을 때였어요. 첫째 아이에게 책을 읽어 주다가 제가 갑자기 멈추면, 아이가 다음에 나올 단어를 맞히는 놀이를 자주 했는데요. 그날도 첫째에게 문제를 한창 내고 있었어요.

엄마: "Suddenly, wind blew in the…"

둘째 아이: "Car!"

엄마: "and carried Fly Guy out of the…"

둘째 아이: "Window!"

옆에 있던 둘째 아이가 불쑥 답을 맞히는 거였어요. 정말 신기했습니다. 그래서 『FLY GUY』 시리즈에 있는 다른 책 음원으로도 문제를 내봤어요. 그랬더니 역시나! 둘째는 다른 책의 문제들도 술술 맞혔습니다. 이때 다시 한 번 느꼈어요. 유아기 아이에게 책을 읽어 주고, 음원을 들려주는 것이 큰 영향이 있다는 것을요. 아이의 잠재력을 믿고 계속해서 다양한 자극을 주어야겠다 싶었습니다. 아이에게 여러 번 반복해서 책을 읽게 하고 책 음원을 듣게 한 뒤 이런 문제를 내 보세요. 아이의 습득력에 깜짝 놀라게 되실 겁니다.

얼리챕터북을 고를 때, CD나 음원이 함께 제공되는 것으로 선택하기를 추천드립니다. 아이에게 수시로 음원을 들려줄 수 있으니까요. 아이가 음원을 반복해서 듣거나 음원을 들을 때 손가락이나 눈으로 문장을 따라가는 활동을 병행하면, '듣기', '읽기', '발음' 등 다양한 영역에 많은 도움이 됩니다.

처음 얼리챕터북 읽기를 시작하는 저자 아이의 모습(영상)

책 음원을 활용하여 얼리챕터북 읽기

1. 문장이 거의 외워질 때까지 반복해서 음원 듣기

갑자기 늘어난 글밥의 책을 아이가 처음부터 쉽게 읽기는 어렵습니다. 따라서 많이 들어보는 것이 좋습니다. 처음에는 음원을 틀어 두고 엄마와 함께 책장을 넘기면서 한 번 읽습니다. 이어서 다시 음원을 틀고 아이 혼자 책장을 넘기면서 봅니다. 그리고 그날 밤 자기 전에 침대에 누워서 음원을 다시 틀어 줍니다. 이렇게 하면 최소한 하루에 같은 책 음원을 세 번 이상 들을 수 있습니다.

2. 분량을 나누어 읽기

반복해서 책 음원을 충분히 여러 번 들은 뒤에는 아이 스스로 손가락으로 단어를 하나씩 짚어가며 책을 읽습니다. 아이가 스스로 발음하기 어려워하는 단어가 나오면, 발음을 생각해 볼 시간을 주세요. 시간을 줘도 모를 때는 엄마가 발음을 알려 주어 읽는 시간이 너무 늘어지지 않도록 합니다.

처음에는 한 번에 한 권을 다 읽는 것이 힘들 수 있습니다. 아이가 책 읽기에 재미를 느끼는 것이 중요하므로 절대 무리한 양을 읽게 하지 마시고, 아이가 즐겁게 읽을 수 있는 분량으로 나누어서 읽게 해 주세요.

예를 들어, 30페이지 분량의 얼리챕터북을 읽는다고 해 볼까요. 월요일에 10페이지를 아이가 스스로 읽고 전체 음원을 한 번 들으면서 책을 보게 합니다. 화요일에는 20페이지를 읽고 전체 음원을 한 번 듣고, 수요일에는 30페이지를 다 읽은 뒤 음원을 한 번 듣습니다. 목요일에는 30페이지를 다시 한 번 읽고, 금요일에는 음원과 동시에 읽기 등의 방법으로 읽어 봅니다.

이미 5번을 읽었으니 더 반복하면 아이가 지루해할 수 있어요. 이 정도 선에서 마치고, 스스로 한 권을 읽을 수 있게 된 것을 축하한 뒤, 새로운 책으로 넘어갑니다.

이렇게 한 권의 책을 여러 번 반복해서 읽는 방법은 얼리챕터북을 시작한 초기에만 사용하고, 아이가 점점 더 글을 잘 읽게 될수록 매일 새로운 책을 읽게 해 주세요.

3. 새로운 책 건네주기

새로운 책을 읽을 수 있게 된 것을 축하해 주면서 아이에게 새로운 책을 건네주세요. 새로운 책도 이전과 같은 방법으로 읽습니다.

아이가 새로운 책에 조금 더 흥미를 느끼게 하려면, 시리즈에 해당하는 책 전 권을 한꺼번에 책장에 꺼내 두지 않고 엄마가 보관하고 있다가 한 권씩 꺼내 주는 방법이 있습니다. "한 권의 책을 이제 잘 읽을 수 있게 되었으니, 다음 책을 읽을 수 있어!"하며 책을 상처럼, 선물처럼 아이에게 건네주면 아이는 책을 더욱 특별하게 느끼고 빨리 보고 싶어 하게 됩니다.

4. 글밥 늘리기

　　얼리챕터북 한 시리즈를 다 읽었다면, 다음 시리즈로 넘어갑니다. 비슷한 수준의 책을 조금 더 읽다가 아이가 쉽게 읽는 모습을 보이면 아주 미세하게 더 어려운 책을 골라 읽는 방식으로 천천히 수준을 높여가세요. 글밥을 늘려가는 것이 목표일 때는 리딩 타임만큼은 아이에게 도전이 되는 난이도의 책을 읽게 해 주시고, 자유 시간에는 아이가 원하는 책을 마음껏 읽게 해 주세요.

5. 80페이지 전후 분량의 얼리챕터북 읽기

　　80페이지 분량의 얼리챕터북을 시작하기 적절할 때는 언제일까요? 바로 아이가 처음 보는 책을 펼쳤을 때, 책 음원의 속도를 눈으로 충분히 따라가며 읽을 수 있을 때입니다. 만약 아이가 책 음원의 속도를 쉽게 따라 가며 읽지 못한다면, 서둘러서 80페이지 분량의 얼리챕터북으로 넘어가지 마시고, 읽는 연습을 좀 더 한 뒤 넘어가 주세요.

아이가 80페이지 분량의 책을 읽을 때부터는 한 권을 소리 내어 읽기 어렵습니다. 그러니 이때부터는 아이 스스로 소리 내어 한두 챕터 정도만 읽은 뒤, 나머지는 책 음원을 틀고 손가락으로 따라가며 읽도록 합니다. 아이가 한두 챕터라도 소리 내어 읽으면 한 단어씩 정확히 읽는 연습이 되고, 엄마는 아이가 이 책을 어느 정도 소화하는지 자연스럽게 듣고 확인할 수 있습니다.

이때쯤 되면 아이가 책의 단어를 하나씩 손가락으로 짚어가며 읽기보다는 눈으로만 읽고 싶어지게 되는데요. 아이가 눈으로 단어를 잘 따라가며 읽을 수 있을 때부터는, 손가락을 굳이 사용하지 않아도 좋습니다.

책 음원의 속도에 맞춰 읽는 저자의 아이 모습(영상)

책 읽는 즐거움 유지하기

매일 새로운 책을 읽으며 읽기 연습을 해나가는 것도 중요하지만, 아이가 책 읽기를 공부로 여기게 되거나 힘들게 느끼게 되지 않는 것이 훨씬 더 중요합니다. 반드시 하루 최소한 20~30분의 책 읽기 시간은 확보하되, 아이가 재미있게 읽을 수 있는 분량을 하루의 읽기 목표로 설정해 주세요.

또 아이가 읽기 활동에 원하는 것이 있다면 반영해 주세요. 예를 들어, 아이가 오늘 읽을 예정이었던 얼리챕터북 시리즈 외에 다른 책을 읽고 싶다고 하거나 분량이 많다며 그만 읽고 싶다고 하거나 혼자 읽는 것보다 엄마와 번갈아 읽고 싶다고 하면, 최소한의 읽기 연습은 유지하면서 아이의 의견을 수용해 주시는 것이 좋습니다.

읽기 연습에 도움을 주는 기타 활동

1. 스티커로 눈에 보이는 성취감 갖기

얼리챕터북 읽기를 처음 시작할 때, 여러 번 반복해서 읽는 활동이 아이에게 지루할 수 있습니다. 이럴 때는 스티커를 이용해 보세요. 책을 읽을 때마다 책 커버에 스티커를 하나씩 붙이는 겁니다. 책표지에 붙은 스티커 개수를 보면,

아이가 이 책을 몇 번 읽었는지 알 수 있고, 아이도 성취감을 느낄 수 있습니다. "우아, 이 책은 스티커가 3개네? 벌써 3번이나 읽었구나? 이 책을 정말 잘 읽게 되었네!"하고 엄마, 아빠가 격려할 때 활용할 수도 있습니다.

2. 노래 가사 보고 부르기

　　얼리챕터북을 혼자 읽을 수 있을 정도가 되면, 아이는 영어 노래의 속도에 맞춰 가사를 보며 노래를 따라 부를 수 있습니다. 이 무렵에 서는 잉어 노래 가사를 프린트하거나 집에 있는 큰 화이트보드에 적고 아이들과 노래를 자주 불렀습니다. 노래 가사를 반복해서 읽고 부르면, 아이에게는 자연스러운 읽기 연습이 됩니다. 엄마가 "우아, 이 노래 정말 재밌다. 엄마도 불러 봐야지!"하며 아이와 함께 신나게 춤추며 노래를 부르면, 아이도 더 적극적으로 노래를 익히려고 하고요. 이런 방법으로 정해진 리딩 타임 외에 아이가 읽기 연습을 더 할 수 있습니다.

노래 가사를 보고 따라 부르는 저자 아이의 모습[영상]

3. 영어 레시피를 따라 요리 놀이 하기

영어로 된 레시피를 준비해 주세요. 아이가 쉽게 이해할 수 있는 표현으로 엄마가 적어 주셔도 좋습니다. 아이와 함께 요리를 하면서 매 순서마다 아이에게 레시피를 소리 내어 읽게 해 주세요.

예를 들어, 베이킹 레시피에서 'Beat the batter.(반죽을 저으세요.)'를 읽은 후 아이가 반복해서 "Beat the batter."를 외치며 반죽을 젓도록 하는 거예요. 저는 저희 아이들과 한두 번 이 표현을 말하며 요리를 했었는데요. 아이들이 금방 기억했고, 다음에 요리를 할 때는 아이가 먼저 이 표현을 말하는 것을 볼 수 있었습니다.

영어 레시피는 각종 수입 쿠키 믹스나 케이크 믹스의 박스 뒷면을 참고할 수 있습니다. 요리 유튜브에 나오는 표현을 적어서 레시피를 쓸 수도 있고, 어린이를 위한 요리 도서를 참고할 수도 있습니다.(52쪽 참고) 요리책에 나온 레시피는 아이가 읽기에는 조금 어렵고 지루할 수 있으니 엄마가 쉽고 간단한 표현만 골라 레시피를 적어 주는 게 좋습니다.

4. 독해 교재 풀기

간단한 교재를 풀어 보는 것도 도움이 됩니다. 한 페이지를 푸는 데 5~10분도 걸리지 않아 아이가 부담 없이 풀

The Disney Princess Cookbook

(출판사: Disney Press)

My Very First Cookbook

(출판사: Sourcebooks Explore)

요리 놀이를 하는 저자 아이의 모습[영상]

수 있습니다.

　1학년 독해 문제집(Reading comprehension: Grade 1)은 글을 읽고 문제를 푸는 연습을 하는 데에도 도움이 되고, 영어권 국가의 초등학교 1학년 아이와 견주어봤을 때 내 아이의 수준이 어느 정도 되는지 확인하는 데에 도움이 되기도 합니다. 아이가 1학년 교재(Grade 1)를 쉽게 푼다면, 2학년 교재(Grade 2)도 풀게 하면서 아이의 수준을 알아 보세요.

Comprehension Skills

(출판사: Scholastic)

Scholastic Success with
Reading Comprehension

(출판사: Scholastic)

AR 지수 VS. Lexile® 지수

AR(Accelerated Reader)이란 미국 르네상스 러닝사가 미국 학생들의 독서 수준을 학년 수준으로 분류해 놓은 것으로, 미국의 많은 초등학교에서 참고하는 지수입니다. 흔히 책의 레벨을 나누는 기준으로 AR 지수가 사용되는데요. AR 지수 2.0~2.9는 미국 초등학교 2학년, 3.0~3.9는 3학년에게 권장하는 수준입니다.

권장 학년	AR	Lexile®
미국 1학년	1.0~1.9	100~299
미국 2학년	2.0~2.9	300~499
미국 3학년	3.0~3.9	500~699
미국 4학년	4.0~4.9	700~799
미국 5학년	5.0~5.9	800~899
미국 6학년	6.0~6.9	900~999

(*학년별 Lexile은 www.mobymax.com 참고)

렉사일(Lexile®) 지수는 미국 교육연구기관 메타메트릭스 (MetaMetrics®)에서 개발한 읽기 능력 지수이고, AR 지수와 함께 자주 사용됩니다. 책이나 교재를 고를 때 AR 지수로 난이도를 표시한 것도 있고, 렉사일 지수로 표시한 것도 있으니 두 지수를 모두 알고 있으면 편합니다.

우리 아이의 AR 지수를 알고 싶다면, 영어 학원이나 동네 영어 도서관에서 AR 지수 확인 테스트를 받을 수 있습니다. 테스트를 받기 어렵다면, 집에 있는 책 중에서 아이가 쉽게 읽는 책의 AR 지수를 확인하는 것도 좋은 방법입니다.

르네상스 북 파인더

책 제목을 넣고 검색을 하면 IL(Interest Level)과 BL(Book Level)이 나옵니다. IL은 어떤 연령의 아이가 좋아할만한 책인지를 알려 주는 것인데요. IL이 LG(Lower Grades)로 되어있으면 유치원생~초등학교 3학년 사이의 아이가 좋아할만한 책이라는 뜻입니다. BL은 책의 난이도를 의미하는 것으로, BL이 3.5라고 되어있으면 초등학교 3학년에서 5개월 정도 학습한 아이가 스스로 읽을 수 있는 난이도라는 의미입니다.

AR 지수를 활용하여 아이가 현재 쉽게 읽을 수 있는 책과 이보다 조금 높은 수준의 책을 꾸준히 공급하면서 리딩 수준을 높여가세요.

　　동방북스, 웬디북 등의 온라인 서점에서는 AR 지수로 책을 분류하거나 AR 지수를 표시하여 판매하고 있습니다. 책의 수준을 자세히 더 알아보고 싶다면, '르네상스 북 파인더'에서 책 제목을 입력해 보세요.

손가락 난이도 테스트 (Five Finger Rule)

　　AR 지수나 렉사일 지수를 사용하지 않고, 집에서 간단하게 손가락으로 아이에게 적합한 책 난이도를 확인하는 방법입니다.

1. 아이가 읽을 책을 골라 한 페이지를 펼칩니다.
2. 모르는 단어가 나올 때마다 손가락을 하나씩 펴면서 수를 세어 봅니다.
3. 한 페이지에서 나온 모르는 단어의 갯수를 합합니다. 모르는 단어의 수에 따라 책의 난이도가 아이에게 적합한지 확인할 수 있습니다.

- 0~1개: 아이에게 매우 쉬운 책입니다. 조금 더 난이도가 높은 책을 읽을 필요가 있습니다.
- 2~3개: 아이에게 적당한 난이도의 책입니다.
- 4개: 아이에게는 조금 어려울 수 있지만 도전할만 합니다.
- 5개 이상: 아이에게 너무 어려운 책입니다. 아이가 내용 이해에 어려움을 겪고 읽는 재미를 느끼기 힘들 수 있습니다. 그러나 어렵더라도 아이가 재미있어 한다면, 읽게 해 주세요.

저는 리딩 타임 때 아이에게 적당한 난이도와 조금 어려운 난이도의 책을 두루두루 읽혔습니다. 리딩 타임은 아이의 읽기 실력을 높이는 것이 가장 큰 목표니까요. 그러나 AR 지수나 손가락 난이도 테스트로 항상 책의 난이도를 확인하지는 않았습니다. AR 지수보다는 아이가 어느 정도 이해하며 재미있게 읽는지를 살폈습니다.

아이가 현재 AR 2점대 책을 재미있게 읽고 있다면, 2점대 책을 충분히 읽히다가 AR 3점대 책으로 천천히 넘어가기를 추천합니다. 비슷한 난이도인 줄 알고 시작했다가 막상 읽어 보니 아이가 힘들게 읽는다면, 무리해서 읽히지 않는 것이 좋습니다. 몇 개월 뒤 아이의 읽기 실력이 늘었을 때 다시 꺼내어 읽어도 늦지 않습니다.

‘글을 읽을 수 있는 것’과 ‘글을 이해하고 즐길 수 있는 것’은 다릅니다. 따라서 높은 AR 지수의 책을 읽을 수는 있지만, 아이가 이해하지 못하고 즐기지 못한다면, 한 단계 낮은 AR 지수의 책을 읽게 해 주세요.

나니아 연대기를 읽고 있는 저자 아이의 모습

Writing(쓰기):
3~5문장 일기 쓰기

쓰기 교재 활용하기

간단한 문법과 문장 작문을 배울 수 있는 교재를 풀기 시작합니다. 아이가 부담스러워 하지 않는 수준의 쓰기 교재를 조금씩 꾸준히 풀 수 있도록 도와주세요.

3~5문장으로 일기 쓰기

3문장으로 일기 쓰기를 주 1회 진행합니다. 그동안 1문장 일기 쓰기를 꾸준히 연습한 아이라면, 이제 3문장도

Write Right Beginner 1

(출판사: Build & Grow)

*출판사 사이트에서 답지를 다운받을 수 있습니다.
https://www.nebuildandgrow.co.kr/

Spectrum Writing : Grade K

(출판사: Carson Dellosa Education)

충분히 쓸 수 있습니다.

주제에 맞는 그림을 그리고, 그림 아래에 3문장 정도 적게 해 보세요. 3문장 일기 쓰기를 주 1회 정도 꾸준히 하면, 아이가 부담을 갖지 않고 일기를 쓸 수 있고 조금씩 실력도 향상되어 얼마 지나지 않아 5문장도 쉽게 쓸 수 있게 됩니다.

5문장 필사하기

아이가 읽은 책을 필사하게 해 보세요. 지금까지 꾸준히 영어 교재도 풀고, 1문장 일기 쓰기도 진행했다면 5문장

3문장 일기 예시

5문장 일기 예시

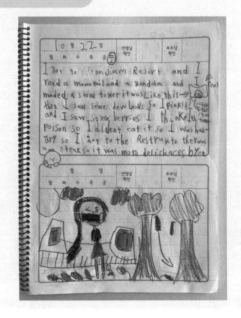

필사는 어렵지 않게 할 수 있습니다. 필사는 엄마가 도와주지 않아도 할 수 있는 데다 좋은 문장을 배울 수 있는 효과적인 활동입니다. 처음부터 많은 양을 쓰는 것은 어려우니, 그날 읽은 책에서 5문장 정도 따라 쓰는 것으로 시작해 주세요.

이야기 만들기

아이가 스스로 이야기를 짓고 그림을 그린 나만의 책을 만들어 보게 해 주세요. 자기가 원하는 대로 할 수 있기 때문에 아이들이 좋아하는 활동입니다. 책 한 권을 예시로

이야기 만들기 예시

보여 주며, Cover(책표지), Writer(글쓴이), Illustrator(그림작가) 등의 개념을 알려준 뒤, 책 표지에 자신의 이름을 Writer와 Illustrator로 적어 보게 합니다.

아이의 관심사를 활용한 쓰기 활동

아이의 관심사를 쓰기 활동으로 연결할 수 있습니다. 예를 들어, 아이가 요즘 개미에 관심이 많다면 개미에 관한 영어 자료를 책에서 찾거나 구글에서 검색합니다. 검색한 자료를 아이에게 보여 주면서 아이가 개미굴과 개미 그림 등을 그린 뒤 이에 대한 간단한 설명을 적게 할 수 있습니다.

아직 영어로 많은 내용을 쓰기 어려워할 경우에는 엄마가 함께 적어 주세요. 이 활동은 아이가 필사를 하기 싫어하는 날 한 번씩 진행해도 좋고, 아이가 심심해할 때 해도 좋습니다. 자연스럽게 쓰기 연습도 되고 아이가 관심사에 대한 다양한 상식과 새로운 어휘도 배울 수 있습니다.

아이가 농장, 바다, 자연에 관심있다면

Farm Anatomy
(출판사: Storey Publishing)

Ocean Anatomy
(출판사: Storey Publishing)

Nature Anatomy
(출판사: Storey Publishing)

4단계 내 아이 영어 시간표

월	화	수	목	금

리딩 타임: 30분(얼리챕터북 한 권 혹은 반 권 읽기)

영어 교재 10분	필사 10분	영어 교재 10분	필사 10분	영어 일기 10분

엄마, 아빠가 영어책 1권 이상 읽어 주기

영어 영상 시청 30~40분

자유 시간에 스스로 책 골라 읽기

오늘 읽었던 책 음원 들으며 잠들기

Listening(듣기)

1. 얼리챕터북 음원 수시로 반복해서 듣기

2. 유튜브로 책 읽어 주는 영상 보기

Speaking(말하기)

1. 짧은 이야기를 읽고 외워서 말해 보기

2. 일기를 엄마, 아빠 앞에서 소리 내어 읽어 보기

Reading(읽기)

1. 하루 한 권 혹은 30분 동안 얼리챕터북 스스로 읽기

2. 독해 교재를 풀거나 영어 노래 가사를 보는 등의 다양한 방법 활용하기

Writing(쓰기)

1. 쓰기 교재로 간단한 쓰기 연습하기

2. 3~5문장 일기 쓰거나 이야기 만들기

3. 읽은 책 필사하기

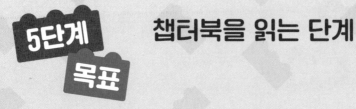

5단계 목표

챕터북을 읽는 단계

1 '청독', '음독', '묵독'을 골고루 활용하기
2 '말하기' 집중 연습하기
3 읽는 책 수준 높여가기
4 영어 일기 1쪽 쓰기

5단계부터는 엄마의 마음이 한결 홀가분해집니다. 4단계까지 마친 아이는 자유 시간에 스스로 영어책을 골라 즐기며 읽을 만큼 읽기에 자신감이 생겼을 거거든요. 엄마, 아빠는 이제 아이가 필요로 하는 재료만 제공하면 됩니다. 영어 영상을 찾아주면 아이가 재미있게 볼 거고, 영어책을 찾아주면 잘 읽을 거예요. 영어 교재도 혼자서 풀 수 있는 부분이 더욱 많아집니다. 영어 말하기와 쓰기는 아직 부족할 수 있으니 그 부분만 살짝 관심 가져주면 됩니다.

5단계에서는 조금씩 더 높은 수준의 책을 읽어 나가는 연습, 단어 공부, 글쓰기 활동, 일기 1쪽 쓰기, 영어 말하기 연습을 하며 학교 영어 이상으로 성장할 수 있도록 노력합니다.

Listening(듣기): '청독', '음독', '묵독' 골고루 활용하기

5단계의 아이가 읽게 되는 책은 챕터북입니다. 챕터북의 경우, 책 한 권을 음원으로 듣는 데 1시간 전후로 소요되는 것이 많습니다. 영상 노출과 함께 책 음원을 활용하면 듣기 노출 시간 확보가 더욱 쉬워집니다.

책 음원을 들으며 책을 읽는 활동의 장점은 음원이 아이의 읽기 모델이 되어 준다는 점입니다. 각 단어의 정확한 발음이 어떻게 들리는지, 문장의 어느 부분을 끊어 읽어야 하는지, 어느 부분에 강세를 두어야 하는지 등을 자연스럽게 익힐 수 있어요. 대신 책 음원을 들으며 책을 읽으면 아이가 모르는 단어도 대충 넘어가게 되고, 이야기의 내용을 충분히 유미하고 이해할 시간을 갖지 못하는 등의 단점도 있습니다.

따라서 음원을 들으며 읽는 '청독', 아이 스스로 소리 내어 읽는 '음독', 눈으로만 읽는 '묵독'을 그때그때 적절히 활용하도록 도와주세요. 이때 아이의 의견을 많이 수용해 주는 것이 좋습니다. 아이가 묵독을 원하면 묵독을 한 뒤에 그 날 잠자리에서 책 음원을 들려주어도 좋고, 1~2 챕터만 음독을 하게 하면 됩니다. 무엇보다도 아이가 즐겁고 재미있게 하는 것이 가장 중요하니까요.

5단계부터는 영어 영상을 볼 때 영어 자막을 함께 보여 주는 것이 좋습니다. 자막을 보면 아이가 모르고 넘어가던 단어를 배울 수 있어요. 들으면서 동시에 읽기 때문에 어느 정도 '청독'을 하는 것과 비슷한 효과를 기대할 수 있습니다. 아이가 자막이 달린 영상을 보다가 궁금한 단어가 생기면 엄마, 아빠에게 단어의 의미를 물어보거나, 스스로 영상을 멈추고 사전을 찾아보는 일이 생기게 될 거예요.

챕터북 음원 활용하는 방법

어려운 단어가 많거나 분량이 많은 책도 음원을 따라가며 읽으면 아이는 쉽게 읽어낼 수 있습니다. 음원이 긴 경우 하루 30분~1시간, 혹은 오늘 아이가 즐겁게 소화할 수 있는 양만큼만 읽은 뒤 다음 날 이어서 읽습니다.

챕터북의 수준이 아이의 현재 수준보다 아주 높은 경우에는 아이가 재미를 느끼기 어렵습니다. 모르는 단어가 많으면 아이가 책 내용을 이해할 수 없고, 실질적으로 습득하는 내용도 적습니다. 그럴 때에는 책을 잠시 책장에 넣어두었다가 아이가 읽을 수 있는 수준에 도달했을 때 다시 꺼내주세요. 하지만 좀 어려워도 아이가 책을 재미있게 읽는다면 읽게 해 주세요.

오디오북 애플리케이션 활용하기

오디오북 애플리케이션 중에는 음원만 나오는 책도 있고, 음원과 함께 글을 읽을 수 있는 책, 심지어 만화책도 있습니다. 저는 아이가 5단계에 진입했을 때부터 오디오북을 활용했어요. 오디오북에는 만화책도 있는 경우가 많아 이 시기부터 영어 만화책을 보여줬어요.

엄마는 항상 CD나 음원이 있는 책을 구하느라 애를 쓰게 되는데요. 오디오북 애플리케이션만 있으면 손쉽게 책음원을 구할 수 있어요. 아이는 오디오북 애플리케이션에서 좋아하는 책이 생기면 30번도 더 들었고, 저는 그런 책을 종이책으로 다시 사주기도 했습니다.

Epic - Kids' Books & Reading

스토리텔 - 인생 오디오북

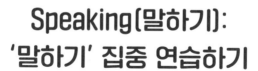

Speaking(말하기):
'말하기' 집중 연습하기

5단계의 아이는 그동안의 '듣기'와 '읽기'로 영어가 많이 쌓인 상태입니다. 내 생각을 영어로 말하는 것을 어느 정도 할 수 있어요. 그러나 '말하기'는 연습하지 않으면 늘지 않습니다. 그러니 5단계의 아이에게는 영어로 말할 기회를 자주 만들어 주는 것이 중요합니다.

말하기 교재 활용하기

말하기 교재로 다양한 상황에 적절한 문장을 만들어 대화를 하거나 내 생각을 발표하는 활동 등을 할 수 있습니다. 말하기 연습을 위한 교재인 만큼, 교재에 답을 쓴 뒤에는 전체 문장을 반드시 소리 내어 읽도록 합니다. '교재를 푼 뒤 내가 적은 문장을 세 번 크게 소리 내어 읽고 엄마 앞에서 발표하기'를 루틴으로 만드는 것도 좋은 방법입니다.

말하기 교재 추천

Everyone Speak! Kids 1

(출판사: BUILD&GROW)

Speaking Cue 1

(출판사: Language World)

오늘 있었던 일을 5문장으로 말하기

아이가 유치원, 학교에서 있었던 일을 5문장으로 이야기하게 해 보세요. 다섯 손가락을 펼치고 1문장을 말할 때마다 손가락을 하나씩 접는 방식으로 해 볼 수 있습니다. 아이가 힘들게 느끼지 않을 만큼만 간단하게 진행해 주세요.

책, 영상에서 자주 들었거나 읽었던 표현은 아이가 문
장으로 말할 수 있을 거예요. 이외에 아이가 하고 싶은 말은

오늘 있었던 일에 대해 던질 수 있는 질문

What was the best part of your day?
오늘 가장 좋았던 일은 무엇이니?

What was the worst part of your day?
오늘 가장 안 좋았던 것은 무엇이니?

What made you smile today?
오늘 너를 웃게 만든 일은 무엇이니?

Did anything make you feel worried today?
오늘 너를 걱정하게 만드는 일이 있었니?

Can you teach me something you learned today?
오늘 배운 것 중 하나만 나에게 가르쳐 줄래?

Who did you play with today?
오늘 누구랑 놀았어?

What made you happy today?
오늘 너를 행복하게 한 일은 무엇이니?

What did you find difficult today?
오늘 힘들었던 일은 무엇이니?

Have you learned anything new today?
오늘 새롭게 알게 된 것이 있어?

Did anything make you feel frustrated today?
오늘 실망한 일이 있었니?

If you could change one thing from today, what would it be?
오늘 있었던 일 중 하나를 바꿀 수 있다면, 무엇을 바꾸고 싶니?

처음부터 문장으로 말하기 쉽지 않으니 고민하면서 말할 거고요. 내가 하고 싶은 말을 영어로 말하려고 고민하는 시간이 아이의 영어 말하기가 훈련되는 시간입니다. 계속 반복하다 보면 아이가 어느 정도 익숙해질 겁니다. 그때부터는 엄마가 다양한 질문을 던져 주세요. 그렇게 하면 아이가 영어로 단 한 마디라도 더 할 수 있으니까요.

영어 신문, 영어 잡지를 활용한 말하기 연습

아이가 영어 신문, 영어 잡지를 읽을 때, 기사 한 개를 여러 번 읽게 한 뒤, 아이가 읽는 모습을 영상으로 남겨 보세요. 아이에게 기사를 읽는 루틴을 정해 알려 주면, 아이가 스스로 기사를 읽고 모르는 단어를 학습하고 발음 연습, 말하기 연습까지 할 수 있습니다. 제가 제 아이들에게 정해줬던 영어 신문 읽기 루틴은 다음과 같습니다.

1. 영어 기사를 큰 소리로 읽고, 발음이나 뜻을 모르는 단어에 밑줄을 긋습니다.
2. 영어 신문에 음원이 있다면, 음원을 틀고 눈으로 따라 읽으면서 몰랐던 발음을 확인합니다.
3. 모르는 단어의 뜻을 찾아 읽어 보거나 간단하게 적습니다.

4. 음원을 다시 튼 뒤, 이번에는 음원의 속도에 맞춰 소리 내
   어 따라 읽습니다.

5. 동영상 카메라를 켜서 앞에 두고, 자신 있게 기사를 읽는
   아이의 모습을 영상으로 남깁니다.

어린이 영자 신문

 **NE Times**

-NE Times KINDER: 3~ 4단계 진행 중인 유아 혹은 초등 저학년 대상
-NE Times KIDS: 4단계 진행 중인 유아 혹은 초등 저학년 대상
-NE Times JUNIOR: 5단계 진행 중인 초등학생 대상

 **The Kids Times**

-THE KINDER TIMES: 3~4단계 진행 중인 유아 혹은 초등 저학년 대상
-THE KIDS TIMES: 5단계 진행 중인 초등학생 대상

영화 대사 활용하기

　　아이가 좋아하는 영화의 대사가 적힌 책을 사거나 프

영화 대사 학습 교재

스크린 영어회화: 겨울왕국

(출판사: 길벗이지톡)

*『스크린 영어회화』 시리즈에는 겨울왕국, 알라딘, 인크레더블 등 다양하게 있습니다.

디즈니 주니어 잉글리시: 토이스토리

(출판사: 길벗스쿨)

*『디즈니 주니어 잉글리시』 시리즈에는 주토피아, 겨울왕국 등 다양하게 있습니다.

린트해서 아이와 함께 읽고 실제로 연극을 해 봐도 좋습니다. 엄마와 아이가 역할을 바꿔가며 읽고, 연극을 몇 번 반복하다 보면 영어 표현이 그대로 외워지는 효과가 있습니다. 모르는 단어는 아이와 가볍게 뜻을 찾아보거나 적어보면서 대사를 연습해 봅니다.

화상 영어 활용하기

화상 영어의 장점은 그 시간만큼은 영어로만 말해야 한다는 점입니다. 아이도 선생님께는 영어로만 말해야 한다는 것을 알기 때문에 선택의 여지가 없습니다. 화상 영어가 반드시 필요한 것은 아니지만, 잘 활용하면 매우 좋은 말하기 연습 수단이 됩니다. 그러나 이것도 아이가 재미있게 느끼는 것이 중요하므로, 수업 초기에 아이가 수업을 듣는 모습을 확인한 뒤 이어나갈지 여부를 결정하는 것이 좋습니다.

화상 영어 수업 고르기 체크 리스트

1. 선생님의 영어 교육 관련 경험, 학위, 자격증 등의 보유 여부를 확인할 수 있는가?
2. 안정적으로 수업을 들을 수 있는 사이트가 갖춰져 있는가?
3. 수업 커리큘럼을 확인할 수 있는가?
4. 어떤 교재가 제공되는가?
5. 선생님을 선택하거나 중간에 변경할 수 있는가?
6. 수업일, 수업 시간을 변경할 수 있는가?
7. 잘 맞는 선생님 한 분을 정해 매주 이어서 수업을 들을 수 있는가?
8. 수업이 끝난 후 아이의 영어에 대한 피드백이 자세히 제공되는가?
9. 수업 중 생긴 문제나 문의 사항을 쉽게 질문할 관리자가 있는가?

Reading(읽기):
하루 30분 챕터북 읽기

    5단계에 접어든 아이는 100~300쪽 분량의 챕터북을 읽기 시작합니다. 책이 두껍다고 반드시 더 어려운 것은 아니니 책의 두께로 난이도를 판단하지 않는 것이 좋습니다. 책에 나온 단어나 주제에 따라 100쪽짜리 책이 어렵고, 300쪽짜리 책이 쉬울 수도 있으니까요.

    아이가 읽을 책을 고르는 가장 좋은 방법은 엄마가 직접 책에 나오는 그림, 글밥, 내용 등을 살펴보고 현재 아이의 수준에 맞는지, 아이가 좋아할지 확인하는 것입니다. 책의 내용은 온라인 서점의 판매 페이지에서 미리보기로도 볼 수 있고, 네이버, 구글에서 책 제목을 검색해 다른 분들이 올린

책 내부 사진을 볼 수도 있습니다.

　　5단계 읽기에서 엄마의 역할은 좋은 책을 공급하는 것입니다. 여기서 말하는 좋은 책이란, 아이가 재미있게 읽을 수 있으면서도 아이의 읽기 수준을 조금씩 높여갈 수 있는 책을 의미합니다. 5단계의 아이를 위한 책을 고를 때 제가 세웠던 기준은 다음과 같습니다.

1. 현재 아이의 읽기 수준보다 낮은 책은 고르지 않았습니다.
2. 현재 아이의 읽기 수준보다 아주 미세하게 높은 수준의 책을 찾아서 천천히 수준을 높였습니다.
3. 현재 아이의 읽기 수준과 비슷한 수준의 책을 충분히 읽혔고, 급하게 더 어려운 책을 읽히려고 하지 않았습니다.
4. AR 3점대 이상의 챕터북을 읽는 연습이 충분히 된 뒤 자유 시간에 만화책과 오디오북 애플리케이션을 허락했습니다.

　　위의 4가지 기준은 리딩 타임 때 읽어야 하는 책에 적용했습니다. 현재 아이의 읽기 수준보다 쉽지만 재미있어하는 책을 읽고 싶어 할 때는 리딩 타임 외의 자유 시간에 읽게 했어요. 5단계의 아이가 2단계의 그림책을 읽고 싶어 하면 자유 시간에 함께 앉아 재미있게 읽곤 했습니다.

©Wan wei / Shutterstock

이 그림을 한 번 볼까요? 간격이 좁은 사다리를 한 칸씩 밟고 올라가는 것이 간격이 넓은 사다리를 올라가는 것보다 더 효율적입니다. 간격이 넓은 사다리는 오르기도 힘들고 빠르게 지쳐버리기 쉬우니까요.

이 그림은 아이에게 왜 미세하게 높은 수준의 책을 읽도록 권해야 하는지 말해 줍니다. 글밥이 아주 조금 늘어나고, 모르는 단어가 아주 조금 늘어나는 책은 아이가 쉽게 소화할 수 있습니다. 그래서 아이가 힘들지 않게 실력을 차곡차곡 쌓아갈 수 있어요. 그러나 수준이 급격히 높아진 책을 갑자기 주면 아이는 힘들기만 하고, 책 읽기를 싫어하게 되고 맙니다.

아이마다 하루에 읽을 수 있는 양은 다릅니다. 같은 나이라고 해서 같은 수준의 책을 읽을 수 있는 것도 아니고요. 그러니 아이의 현재 수준에 적절한 책을 찾아 읽게 해 주세요. 너무 급하게 읽기 수준을 높이기보다는 아이의 속도에 맞춰 천천히 높여 주세요.

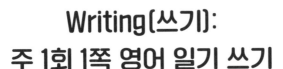

Writing(쓰기): 주 1회 1쪽 영어 일기 쓰기

영어 유치원, 영어 학원을 다니는 아이가 영어로 1쪽을 꽉 채워 쓴 일기를 보면 영어 쓰기를 가르치는 특별한 방법이 있을 거라고 생각하기 쉽습니다. 하지만 아이가 한글 일기 쓰기를 배울 때를 떠올려 볼까요? 그다지 특별한 방법이 없지요. 영어도 마찬가지입니다. 한 단어를 쓰다가 한 문장을 쓰고, 3~5문장을 쓰다 보면 1쪽도 쓸 수 있게 됩니다.

1쪽 일기 쓰기가 아이에게 힘든 일이 되지 않도록, 아이가 쓰는 즐거움을 잃지 않도록 조금씩 꾸준히 진행합니다. 주 1회만 진행하되, 아이가 최선을 다해서 정성껏 쓰도록 해 주세요.

아이가 주 1회 영어 일기 쓰기를 힘들지 않게 느끼면, 자유 시간에도 쓰고 싶어 하는 모습을 보입니다. 실제로 저희 아이들은 자유 시간에 수시로 노트를 펼쳐서 이야기도 짓고, 시도 쓰고, 편지도 쓰고, 일기를 쓰기도 하며 글쓰기를 즐기는 모습을 보였습니다. 쓰기를 힘들게 느끼지 않도록 도와주어야 하는 이유입니다.

같은 1쪽도 공책의 종류에 따라 쓰는 양이 다릅니다. 저학년용 영어 공책, 고학년용 영어 공책, 그다음에는 예시 사진과 같이 20줄이 넘는 공책 순으로 가는 것이 좋습니다.

1쪽 쓰기 예시

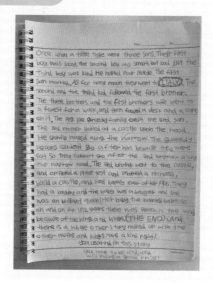

영어 1쪽 쓰기를 도와주는 방법

1. 단어 상자 활용하기

아이가 일기 쓰기에 활용할 수 있는 영어 단어 리스트를 적어 주는 방법입니다. 아이가 자유롭게 일기를 쓰되, 필요에 따라서 리스트에서 단어를 골라 쓰도록 합니다.

2. 시간의 흐름에 따라 쓰도록 하기

1) First, Second, Third

첫 번째 일어난 일을 적고, 두 번째, 세 번째 일어난 일을 순서대로 적어 보는 방법입니다.

2) Yesterday, Today, Tomorrow

어제는 무슨 일이 있었고, 오늘의 기분은 어떠했으며, 내일의 계획은 무엇인지 적는 방법입니다.

3) Now, Then, Later

지금의 상황과 이어서 일어날 일을 순서대로 적고, 그다음에 일어날 일을 적는 방법입니다.

3. 5W(Who, What, When, Where, Why) 사용하기

종이에 5W를 적은 뒤, 이 내용을 참고하여 일기를 쓰는 방법입니다.

5W 예시	
Who? (누가?)	My sister and I(내 여동생과 내가)
What? (무엇을?)	Ride a bicycle(자전거 타기를)
When? (언제?)	This morning(오늘 아침에)
Where? (어디서?)	At the park near my place (우리 집 근처 공원에서)
Why? (왜?)	to practice how to ride a bicycle (자전거 타는 법을 연습하려고)

4. 오감 차트 활용하기

다섯 가지 감각을 활용한 일기를 쓸 수 있습니다.(218쪽 참고)

5. 브레인 스토밍(Brain storming)

동그라미를 그려서 일기의 주제를 적고, 가지를 그려 나가며 주제와 관련된 항목을 적은 뒤에 일기를 씁니다.

'바다에 놀러 갔다 온 날'에 필요한 오감 차트 예시

See(보다)	blue sea, white sand (푸른 바다, 하얀 모래)
Hear(듣다)	wave(파도)
Smell(냄새 맡다)	fish, seagrass(물고기, 해변 식물)
Taste(맛보다)	salty sea water(짠 바닷물)
Touch(만지다)	soft sand, cool water (부드러운 모래, 시원한 바닷물)

브레인 스토밍 예시

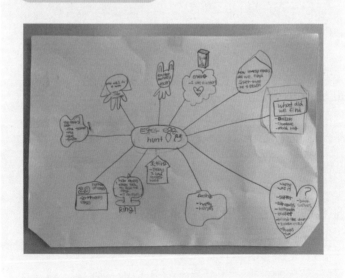

3장 A, B, C부터 해리 포터 원서로 읽기까지 엄마표 영어 5단계 학습법

단어 및 문법 학습

　　5단계에서는 월 to 금 엄마표 학습 루틴 시간표에 단어와 문법 학습 시간을 추가합니다. 4단계까지는 단어나 문법 학습을 따로 하지 않았지만, 5단계에 들어서면서는 조금 더 학습적인 부분을 추가하여 더욱 실력을 다듬을 수 있도록 합니다. 영어 교재를 풀어도 좋고, 리딩 타임 때 읽는 책을 이용하여 간단한 단어 학습 활동을 할 수 있습니다.

'리딩 타임' 책을 활용한 단어 학습 방법

1. 공책을 준비합니다.
2. 리딩 타임에 책을 읽다가 모르는 단어가 나오면 공책에 적습니다. 엄마가 적어주지 마시고, 아이가 스스로 알고 싶어 하는 단어를 적게 하는 것이 좋습니다. 모르는 단어를 3개만 골라도 적을 분량이 상당하니, 아이의 연령과 수준에 맞는 가벼운 양으로 진행합니다.
3. 해당 단어가 포함된 책 속 문장을 공책에 적습니다.
4. 영영 사전으로 단어를 찾고 뜻을 공책에 적습니다.
5. 단어를 사용하여 나만의 문장을 만들어 적어봅니다.

단어 학습용 추천 교재

240 Vocabulary Words Kids Need to Know: Grade 1

(출판사: Scholastic)

Spectrum Spelling: Grade1

(출판사: Carson Dellosa Education)

문법 학습용 추천 교재

Scholastic Success with Grammar: Grade1

(출판사: Scholastic)

Grammar High 1

(출판사: 월드컴)

초등 기초영문법 Grammar Pop 1

(출판사: YBM솔루션)

화상 영어 작문 수업 활용하기

1쪽 일기 쓰기를 해 본 아이는 화상 영어 작문 수업에 참여하여 다양한 글을 쓰고 첨삭을 받아볼 수 있습니다.

작문 수업 고르기 체크 리스트

1. 작문 수업을 진행할 만한 학위와 경력이 있는 선생님인가?
2. 다양한 글쓰기 방법을 배울 수 있는 교재와 수업을 제공하는가?
3 글쓰기에 참고할 수 있는 읽기 자료를 제공하는가?
4 아이의 현재 수준에 맞는 난이도로 수업이 제공되는가?
5. 글을 쓰는 과제가 있는가?
6. 쓴 글에 대한 자세한 첨삭을 받을 수 있는가?
7. 연령에 따른 필수 문법 수업이 포함되어 있는가?

5단계 내 아이 영어 시간표

월	화	수	목	금
영어 교재 10분				
리딩 타임: 30분 이상 챕터북 읽기				
단어 학습 10분	필사 10분	단어 학습 10분	필사 10분	영어 일기 20분
영어 영상 시청 30~40분				
자유 시간에 스스로 책 골라 읽기				
오늘 읽었던 책 음원 들으며 잠들기				

Listening(듣기)

1. 여러 가지 방법으로 책 읽기(청독, 음독, 묵독)

2. 영어 자막과 함께 영상 보기(청독 효과)

Speaking(말하기)

1. 말하기 교재, 화상 영어 수업으로 말하기 연습하기

2. 오늘 있었던 일을 영어로 말하기

3. 영화 대사, 영어 신문, 영어 잡지 활용하기

Reading(읽기)

1. 매일 챕터북 30분 이상 읽기

2. 읽는 책 수준 미세하게 높여가기

Writing(쓰기)

1. 단어 및 문법 학습 추가하기

2. 주 1회 1쪽 일기 쓰기

3. 화상 영어 작문 수업 활용하기

4장

엄마표
영어
Q&A

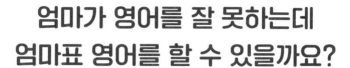

엄마가 영어를 잘 못하는데
엄마표 영어를 할 수 있을까요?

엄마표 영어에서 엄마의 역할은 영어 선생님이 아닙니다. 영어 영상을 골라 주고 영어책을 공급해 주는 가이드라고 생각하면 쉽습니다. 엄마표 영어에서 선생님의 역할은 영어 영상과 영어책이 합니다. 아이가 학원에 다니는데 학원만으로는 충분하지 않은 노출량을 집에서 채워주실 수 있다면 그것 또한 엄마표 영어이고요. 엄마의 영어 실력과는 상관없이, 집에서 영어 노출을 도와 준 만큼은 반드시 아이에게 영어 실력이 쌓이게 되니 엄마표 영어의 시작을 어렵게 생각하지 않으셨으면 합니다.

엄마표 영어를 하는 엄마가 영어를 유창하게 할 필요

는 없습니다. 하지만 영어책을 매일 읽어 주거나 책 음원을 찾아 들려 주고, 좋은 영상을 틀어 주는 등의 기본적인 노력은 필요합니다. 엄마표 영어를 시작하기 위해 특별한 준비를 따로 할 필요는 없어요. 아이와 함께 영어 노래를 듣고, 책 음원을 듣는 것으로 시작하시면 됩니다. 3년에서 5년만 곁에서 도와 주시면, 아이의 평생 영어를 유아기에 만들어 주실 수 있습니다.

엄마표 영어에 필요한 5가지 노력

1. 우리 집을 매일 영어가 들리고 보이는 환경으로 만든다.
2. 누군가의 추천을 그대로 따라하기 보다는, 나와 내 아이에게 맞는 방법을 찾는다.
3. 엄마도 아이도 즐겁게 지킬 수 있는 분량의 월 to 금 영어 루틴을 만들고 꼭 지킨다.
4. 아이가 힘들어하는 순간이 없도록, 항상 즐겁게 소화할 수 있는 분량, 난이도, 방법, 속도로 진행한다.
5. 매일의 노출이 반드시 쌓이고 있음을 믿고, 동시에 듣기, 말하기, 읽기, 쓰기 중 어느 부분이 부족한지 관심을 갖고 지켜보며 채워 준다.

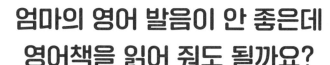

엄마의 영어 발음이 안 좋은데
영어책을 읽어 줘도 될까요?

가장 많은 분이 하는 질문입니다. 엄마가 영어로 책을 읽어 주는 시간과 아이가 영상, 음원으로 영어를 듣는 시간의 비율을 생각해 볼까요? 아이의 하루 평균 영어 노출 시간이 2시간이라고 할 때, 엄마가 영어로 책을 읽어 주는 시간은 20분이 채 되지 않습니다. 아이는 나머지 시간에 영상과 음원으로 원어민의 정확한 영어 발음을 들을 시간이 충분히 많습니다.

원어민 선생님이 엄마를 대신하여 아이에게 책을 읽어 주고 영어와 친밀해지는 활동을 매일 해 줄 수 있는 것이 아니라면, 엄마가 해 주어야 합니다. 엄마의 적극적인 도움은 아이의 영어 성장에 매우 중요하니까요.

발음이 중요한 것은 맞지만 제일 중요하다고는 할 수 없습니다. 발음은 조금 어색하더라도 우리말을 다 듣고 이해하며 말할 줄 아는 외국인을 떠올려 보세요. 한국어 원어민인 우리가 그들과 의사소통하는 데에 아무런 문제가 없지요. 왜 원어민과 같은 발음이 영어에 있어서 가장 중요한 것이 아닌지 알 수 있습니다.

저희 아이들은 어린 나이부터 영어 영상과 음원으로 좋은 발음을 자연스럽게 습득했는데요. 가끔씩 한국식 영어 발음을 듣고 온 날은 따라하기도 했습니다. 그럴 때면 저는 정확한 발음으로 알파벳 소리를 가르쳐 주는 영상을 다시 보여주었어요. 아이들은 영어 노출이 계속 쌓여갈수록 자신이 아는 원어민의 영어 발음과 한국식 영어 발음의 차이가 무엇인지 스스로 구분하게 되었어요. 그때부터는 아이가 한국식 발음을 들어도 이를 따라가지 않았습니다.

아이가 좋은 영어 발음을 습득하고 유지하게 하는 법

1. 어릴 때부터 영어 영상, 영어 노래, 영어책 음원 등을 많이 듣고 좋은 발음에 많이 노출해 준다.
2. 입 모양을 보여 주며 정확한 영어 발음을 알려 주는 영상을 보면서 엄마와 아이가 함께 따라 한다.

3. 아이의 영어 발음이 한국식 발음에 영향을 받을 때는 1, 2번에서 했던 활동을 반복하며 교정해 준다.

엄마가 정확한 발음 연습에 참고할 수 있는 영상

아이의 정확한 발음 습득에 도움이 되는 영상

영어에 관심을 보이는
3세 아이가 있습니다.
엄마표 영어는 언제부터
시작하면 좋을까요?

아직 시작하지 않았다면 바로 '지금'이 적기입니다. 아이가 3세인 지금은 영어를 놀면서 자연스럽게 배우기 좋은 시기입니다. 현재 우리말 발달 속도가 특별히 느리지 않다면, 하루 최소 1시간 이상, 가능하다면 2시간 이상 영어를 들을 수 있도록 해 주세요. 영어 노래, 영어 영상과 함께 매일 한글책과 영어책을 골고루 읽어 주시고, 한글 단어와 영어 단어를 많이 알려 주세요. 두 언어 모두 골고루 발달할 수 있습니다.

영어 노출을 빨리 시작하면 좋은 점

1. 우리말을 다 배운 뒤에 영어를 접하면 아이는 상대적으로 영어를 불편하게 느끼게 된다. 아이가 말을 처음 배울 때부터 두 언어를 동시에 발달시키면 아이가 외국어에 대한 편견이 없는 상태에서 영어를 편하게 습득할 수 있다.

2. 아이가 영어 영상, 노래에서 들리는 대로 발음하게 되니 좋은 영어 발음을 습득할 수 있다.

3. 영어 노출을 빨리 시작하면 아이가 듣기와 읽기를 쉽게 배우며, 아이가 자신의 연령에 맞는 영어책과 영어 영상을 즐길 수 있다.

영어로만 영상을 보여 주면 아이가 싫어할 것 같은데 괜찮을까요?

집에서 우리말이 나오는 영상을 볼 수 있는 선택권이 있으면, 아이는 당연히 우리말 영상을 더 보고 싶어 합니다. 영어 습득이 충분히 이루어지기 전까지는 우리말 영상이 더 이해하기 쉽기 때문입니다. 따라서 지금부터는 우리말 영상을 절대 틀지 않는 것을 우리 집 규칙으로 정하고 꼭 지키는 것을 추천합니다.

아이가 처음에는 영어 영상을 거부할 수도 있으나, 일관되게 영어 영상만 보여 주면 아이도 점점 영어 영상에 익숙해집니다. 또 영어 실력이 늘어날수록 알아들을 수 있는 내용이 많아지니 영어 영상이 점점 편안하게 느껴질 겁니다.

아이에게 영어 영상만 보여 줘야 하는 이유

1. 우리말만 들리는 환경에서 살기 때문에 영상까지 우리말로 된 것을 보면 하루 영어 노출량을 충족시키기 어렵다. 영어 영상을 보여 주면 하루에 채워야 하는 영어 노출 시간이 그만큼 확보된다. 아이가 우리말 영상과 영어 영상을 둘 다 본다면, 아이는 매일 꽤 오랜 시간 영상을 보게 된다.

2. 어릴 때부터 영어 영상만 보여 주면, 아이는 영어 영상을 보는 일이 당연해진다.

영어 노출을 꾸준히 하는 8세 아이, 영어 단어는 외우지 않아도 되나요?

저는 아이가 1~3단계를 지나는 동안은 영어 단어를 외우는 활동을 한 번도 시키지 않았습니다. 영어를 즐기게 해 주고 싶었기 때문입니다. 게다가 따로 단어 공부를 하지 않아도 책과 영상에서 아이가 스스로 유추하여 알게 되는 단어가 많았습니다. 아이가 자신의 수준에 맞는 책과 영상을 보면 아이는 자연스럽게 영어 단어를 습득하게 됩니다. 아이가 스스로 모르는 단어의 뜻을 유추하며 자연스럽게 알아가게 되니까요.

4단계부터는 아이가 모르는 단어를 스스로 사전에서 찾는 연습을 하고, 5단계부터는 교재 등을 이용하여 적극적인 단어 학습을 시작하는 것이 좋습니다.

아이가 영어 단어를 자연스럽게 습득하는 방법

1. 영어책에서 습득한다. 뜻을 유추하거나 사전에서 직접 찾거나 엄마에게 물어본다.
2. 영어 영상에서 습득한다.
3. 영어 노래, 영어 놀이(만들기, 게임, 요리 등)를 하며 습득한다.
4. 영어 교재를 풀며 습득한다.
5. 영어 일기를 쓰며 필요한 표현을 배운다.
6. 4~5단계 아이의 경우, 어린이 영어 신문을 읽으며 모르는 단어에 줄을 치고, 신문 하단에 적힌 단어 리스트를 소리 내어 가볍게 읽어 본다. 밑줄 친 부분에 단어의 뜻을 적어 볼 수 있다.
7. 5단계 아이의 경우, 책에서 나온 모르는 단어를 공책에 적고 뜻, 단어가 포함된 책 속 문장, 단어를 활용한 나만의 문장을 적는 활동을 할 수 있다.

우리말로 더빙된 영화를
아이에게 보여 줘도 될까요?

저는 제 아이들에게 더빙된 영상을 보여 준 적은 한 번도 없습니다. 아이들은 우리말이 더 편하므로 우리말로 영상을 볼 수 있다는 생각이 들면, 계속 우리말 영상만 보려고 하니까요.

그렇다고 아이들이 친구들과 영화관에 가서 함께 영화를 볼 때에도 더빙된 영화를 보지 않게 하지는 않았습니다. 어린이집, 유치원, 학교, 학원 등에서도 우리말 더빙 영상을 아이들에게 보여 주는데, 이렇게 어쩔 수 없는 경우는 편하게 생각하셔도 됩니다. 그러나 적어도 엄마가 언어 환경을 만들어 줄 수 있는 범위 안에서는 일관되게 영어로만 영화를 보여 주는 것이 좋습니다.

영어로 된 영화를 활용하는 법

1. 영화를 보기 전이나 보고 나서, 영화의 주제나 캐릭터가 나오는 책을 사서 읽는다. 책을 읽으면 영화를 보면서 그 냥 스쳐 지나갈 수 있는 새로운 단어와 표현을 습득하고 이해할 수 있으며, 자연스럽게 책과 친해지는 효과까지 있다.

2. 영화를 본 직후, 영화에 나온 캐릭터 징닌김으로 억할 놀이를 하거나 아이가 직접 주인공이 되어 연극을 할 수 있는 기회를 만들어 준다. 아이는 좋아하는 영화를 보고 나서 또 보고 싶어 하는 경우가 있는데, 이런 기회를 잘 활용하여 여러 번 볼 수 있게 해 주면, 아이가 자연스럽게 영어 대사를 외우도록 할 수 있다.

아이가 7세이고, 이제부터 영어를 시작하려고 합니다. 알파벳부터 가르치면 될까요?

알파벳을 배우는 것이 영어 공부의 시작이라고 생각 하시는 분들이 많은데요. 사실 그렇지 않습니다. 우리가 우리말을 배우는 순서를 생각해 볼까요? 우리말을 배울 때, 우선 듣기부터 시작합니다. 그리고 우리말을 듣고 이해할 수 있을 때쯤 한글을 배웁니다.

영어도 마찬가지입니다. 영어를 듣고 이해할 수 있게 된 아이는 오히려 더 빠르고 쉽게 읽기를 배울 수 있어요. 그래서 아이가 영어 노출이 전혀 없었던 경우라면 '듣기 노출'과 '단어 습득' 시간을 먼저 가지기를 추천드려요. 아이가 7세인만큼 더 어린 연령에 비해 읽고 쓰는 것을 쉽게 배울 수 있으므로 알파벳을 조금씩 가르쳐 주실 수는 있습니다. 그러나 듣고 이해할 수 없는 글은 읽어도 이해할 수 없으므로, 부지런히 영어 노출을 쌓아 주세요.

알파벳을 배우기 전에 해야 할 일

1. 아이가 좋아하는 것을 하는 동안 영어에 노출되게 한다. 그래서 영어를 힘들게 공부해야 할 과목이 아니라 우리말과 같이 영상을 보고 책을 읽고 의사소통을 하는 데 필요한 수단으로 느끼게 한다.
2. 영어 노래, 영어 영상, 책 음원 등으로 '듣기 노출' 시간을 하루 1~2시간씩 확보한다.
3. 책, 단어 카드, 포스터, 일상 속 물건을 활용하여 영어 단어를 자연스럽게 익히게 한다.

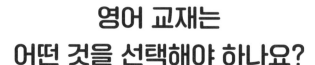

영어 교재는
어떤 것을 선택해야 하나요?

1. 다양한 영어 교재를 적극 활용하세요.

영어 교재는 영어 학습에 꼭 필요한 내용을 담고 있습니다. 영어 교재를 푸는 것은 곧 전문가의 커리큘럼을 따라 배우는 것과 같습니다. 영어 교재를 잘 활용하면, 영상과 책만으로는 부족한 부분을 채울 수 있습니다.

2. 엄마가 가르치기 쉬운 교재를 고릅니다.

엄마가 보기 쉽고 가르치기 쉽게 느껴지는 교재를 고르는 것이 중요합니다. 엄마가 교재의 구성을 살펴보면서 내용이 잘 이해되는 것, 아이에게 어떻게 가르칠지 쉽게 그림이 그려지는 것으로 선택합니다. 그렇지 않으면 교재를 사두고도 가르칠 엄두가 나지 않아 시작하지 못하거나 중간에 포기하게 되는 일이 생길 수 있습니다.

3. 유명한 교재를 모두 사서 풀 필요는 없습니다.

대부분의 유명한 교재는 비슷한 내용을 다루는 편입니다. 똑같은 내용을 다룬 교재를 여러 권 푸는 것보다는 말하기, 듣기, 읽기, 쓰기의 각 영역을 고루 연습할 수 있는 교재를 고르는 것이 좋습니다. 지금 아이가 부속한 영역이 무엇인지, 다음 단계에서 배우면 좋을 내용은 무엇인지 고민하여 교재를 고르도록 합니다.

이 책에서 제가 단계별로, 영역별로 좋은 영어 교재를 추천했는데요. 추천하는 교재를 모두 해야 한다는 것은 아닙니다.

아이에게 동시에 너무 많은 양의 교재를 풀게 하면, 아이는 영어를 공부라고 느끼게 됩니다. 매일 10분, 아무리 길어도 20분 안에 소화할 수 있는 양으로 꾸준히 풀게 하는 것을 추천합니다.

아이가 책을 별로 좋아하지 않는 경우, 엄마, 아빠가 어떻게 도와주어야 할까요?

저는 아이들에게 '엄마는 내가 책 읽는 것을 좋아한다.'라는 생각이 들지 않도록 조심했습니다. 아이가 책을 읽는 이유가 엄마의 눈치를 보기 때문이 아니라 좋아해서이기를 바랐기 때문입니다.

그래서 "책 볼 시간이야.", "앉아서 책 읽어."라고 말하지 않았어요. 대신 아이가 스스로 책을 집어 들을 수 있도록 환경을 만들어 주는 것에 집중했습니다. 아이가 관심을 보일 만한 책을 사서 눈에 띄는 곳에 올려 두면, 아이가 스스로 원하는 때에 책을 집어 들고 읽었습니다.

또 아이가 책을 읽을 때 지나치게 기특해하거나 자주

칭찬하는 것을 저 스스로 경계했어요. "파닉스를 배우더니 이제 스스로 책을 읽을 수 있게 되었네?", "우아, 그동안 책을 많이 읽더니 이제 100쪽짜리 책도 읽을 수 있게 되었네?"하며, 아이가 책 읽기에 자신감을 가질 수 있도록 격려해 주었습니다.

아이가 스스로 책 읽는 환경 만들기

1. 아이가 좋아할 책을 산다. 아이의 요즘 관심사, 좋아하는 캐릭터, 플랩북·팝업북·사운드북 등 아이가 좋아할 책을 사야 아이 스스로 책에 손이 가고 책과 친해지게 된다.

2. 엄마가 책으로 놀아 준다. 책 속에 종이를 숨겨 놓고 어느 책에 종이가 있는지 찾는 놀이를 해도 좋다. 책을 바닥에 펼쳐 두고 징검다리 놀이를 해도 좋고, 책에 나온 그림을 따라 그리는 것도 좋다. 책을 활용한 놀이를 하면서 아이가 책과 친해질 수밖에 없는 환경을 계속 만들어 준다.

3. 아이가 책을 잘 읽을 수 있을 때까지 도와준다. 아이가 책 읽기에 자신감을 가질 수 있도록, 읽는 것이 어려워서 책을 즐기지 못하는 일이 없도록 충분한 시간을 들여 읽기를 가르쳐 준다.

4. 자극적인 환경을 제한한다. 아무 때나 볼 수 있는 TV, 아이패드, 게임기, 장난감을 구비해두지 않거나 최소한의 양

만을 둔다. 그러면 아이가 할 일이 없을 때 저절로 책을 읽게 된다.

5. 아이의 자유 시간에 전혀 개입하지 않는다. 아이는 자유 시간에 스스로 원하는 것을 하며 놀 수 있는 권리가 있다. 그러니 자유 시간에 엄마가 "어떤 책을 읽어라.", "어떤 책을 읽지 말아라." "오늘 끝까지 다 읽어라.", "지금 읽어라." 등 독서량, 책의 종류, 읽는 방법 등을 말하지 않고, 최대한 아이가 하고 싶은 것을 하게 한다. 단, 읽기 연습을 위한 하루 한 번의 '리딩 타임'은 엄마가 정한 적당한 방법으로 일관되게 진행한다.

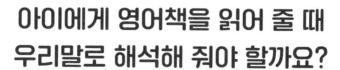

아이에게 영어책을 읽어 줄 때 우리말로 해석해 줘야 할까요?

영어책을 아이에게 읽어 주는 분들이 가장 많이 하는 질문입니다. "영어로만 읽어 줘야 한다.", "해석을 해 주면 안 된다."는 말을 주변에서 많이 들었거나, 아이가 해석을 원하거나, 부모가 영어로 설명해 주기 어려운 경우가 생길 때 이런 질문을 하시는데 저의 답변은 다음과 같습니다.

1. 영어로만 읽어 주어도 아이는 결국 습득합니다.

아이가 한글책을 읽는 과정을 생각해 볼까요. 갓 태어난 아이는 처음에 아무 단어도 이해할 수 없습니다. 아는 단어가 하나씩 늘어나면서 조금씩 책의 내용을 이해할 수 있게 되며 어려운 단어의 뜻도 이해하기 시작합니다.

영어도 마찬가지입니다. 영어로만 책을 읽어 줘도 어려운 단어의 뜻을 하나씩 알아갈 수 있습니다.

2. 충분한 단어 습득 시간이 필요합니다.

문장에 나오는 단어의 뜻을 유추해 이해할 수 있게 되려면, 아는 단어를 쌓는 노력이 많이 필요합니다. 책에 나온 그림을 가리키며 단어를 알려 주고, 집에 있는 물건을 가리키며 단어를 알려 주세요. 엄마가 행동으로 보여 주거나 상황에 적절한 단어를 그때그때 알려 주며 단어를 습득하도록 도와주세요.

3. 필요하다면, 적은 양의 우리말을 활용합니다.

저는 필요하다면, 우리말을 어느 정도 사용하는 것을 추천합니다. 영어만 사용해서 책을 읽는 것에 엄마와 아이가 어려움을 느낀다면, 영어책 읽기 시간은 재미있지 않습니다. 영어로만 읽어야 한다는 생각 때문에 책 읽기에 어려움이 있다면, 필요한 순간에는 우리말을 사용하세요. 우리말로 한 번 뜻을 알려준 뒤에는 계속 영어로 읽어 주어 영어에 익숙해질 수 있도록 합니다.

아이가 보고 싶어 하는 영어 영상만 보여 주어도 괜찮을까요?

아이가 영어 영상을 보는 것에 거부감이 없다면, 영상을 통한 영어 노출을 편하게 진행할 수 있을 것 같네요. 다만 아이의 현재 영어 수준보다 매우 쉬운 영상이나 매우 어려운 영상을 보여 주면, 영상 시청 시간 대비 영어 습득 효과가 떨어질 수 있습니다.

따라서 아이가 볼 영상을 아이에게 고르게 하기보다는 엄마, 아빠가 아이의 수준에 맞는 영상을 몇 개 찾아주고, 그중에서 아이가 좋아하는 것을 고를 수 있도록 도와주는 것이 좋습니다.

그러나 아이가 좋아하지 않는 영상을 억지로 볼 필요

는 없습니다. 알맞은 수준의 영상을 고르는 것만큼이나 아이가 좋아하는 영상을 골라 즐기며 보게 하는 것이 중요합니다. 유아용 영어 영상은 그 종류가 매우 다양하니 하나씩 보여 주시면서 아이의 취향을 찾아간다면 아이가 좋아할 만한 다른 영상도 찾을 수 있을 거예요. 아이가 좋아하는 영상이 현재 수준에 잘 맞는 영상이라면, 여러 번 반복해서 볼 때 단어와 표현을 많이 습득할 수 있는 효과가 있기도 합니다.

아이가 파닉스를 잘 배웠는데도 책을 읽지 않으려고 해요.

아이가 파닉스를 배우고도 책을 잘 안 읽거나 책 읽는 것을 힘들어한다면, 우선 아이가 책의 내용을 이해하는지 살펴봐야 합니다. 스스로 읽지는 못하더라도 문장을 듣고 무슨 뜻인지는 어느 정도 알아야 책을 읽을 준비가 된 것이니까요.

이 경우의 아이는 내가 읽고 있는 문장이 무슨 뜻인지 이해하지 못해서 책에 재미를 느끼지 못하고, 파닉스 규칙에서 조금만 벗어나도 단어를 어떻게 읽어야 할지 모를 확률이 높습니다. 선행된 노출이 부족하기 때문인데요, 따라서 이런 경우에는 영어 노출을 많이 해 주면서 영어 문장과 단어를 차곡차곡 쌓는 것이 필요합니다.

선행된 영어 노출이 많고 뜻을 이해하더라도 스스로 책을 읽는 것을 어려워한다면, 엄마의 도움이 아직은 조금 더 필요하다는 뜻입니다. 쉬운 단어, 쉬운 책은 스스로 읽을 수 있지만, 아직 읽기 연습이 많이 되지 않아 책을 혼자 즐기면서 읽는 것이 어려울 수 있습니다. 아이가 스스로 얼리챕터북을 읽는 수준으로 도약할 때까지 충분한 읽기 연습을 할 수 있도록 도와주세요.

영어를 2년 이상 노출했는데, 아이가 아직 단답형 대답만 합니다.

어릴 때부터 영어 노출이 많았던 아이도 영어 말하기에는 한계를 느끼게 됩니다. 우리말로 둘러싸인 환경에서 살아가는 아이에게 영어 말하기가 어려운 것은 당연한 과정이라는 것을 부모가 먼저 인지해야 합니다. 아이가 영어로 말할 기회를 인위적으로 만들어 주지 않으면 영어로 말할 기회가 전혀 없다는 것을 기억하고 노력해 주세요.

아이가 영어로 말하도록 도와주는 법

1. 엄마, 아빠가 아이에게 영어 말하기를 보고 따라 할 모델이 되어 준다. 엄마가 하루에 10문장 이상 영어로 말하면,

아이도 일상에서 영어를 사용하는 것을 자연스럽게 느끼게 된다. 엄마의 영어를 한 마디씩 따라 말할 수 있도록 가볍게 유도하는 것도 좋다.

2. 아이는 우리말 실력이 늘수록 영어를 더 불편하게 느낀다. 따라서 영어 노출 시간을 매일 유지하면서 영어도 발달할 수 있도록 도와 주어야 한다. 영어가 편해지면 영어를 더 쓰려고 하니 꾸준히 듣고 읽고 말하고 쓰는 연습을 하게 한다.

3. 아이가 집 밖에서 영어를 사용하면 "왜 영어로 말해?", "방금 뭐라고 한 거야?", "우리말로 해." 등 주변의 어색한 반응이 돌아온다. 아이도 친구, 선생님, 주변 어른 등이 모두 우리말로 말한다는 것을 알고 있다. 그래서 이런 반응을 몇 번 겪고 나면, 집 밖에서는 누가 시키지 않아도 우리말만 사용하게 된다.
따라서 아이가 집에서만큼은 얼마든지 영어로 자유롭게 말할 수 있다고 느끼도록, 집을 영어로 말할 수 있는 안전하고 편안한 공간으로 느낄 수 있도록 부모가 아이 앞에서 영어를 항상 자연스럽게 대하는 모습을 보여 준다. "영어는 어렵다.", "나는 영어 못한다.", "이런, 이건 영어네."와 같은 부모의 한 마디는 아이에게 영어에 대한 편견을 심어주게 되므로 조심해야 한다. 엄마, 아빠의 영어가 좀 부족해도 상관없다. 엄마, 아빠가 집에서 아무렇지 않게 영어를 자주 사용하면 아이도 영어를 편하게 느낀다.

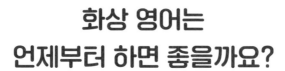

화상 영어는
언제부터 하면 좋을까요?

　　화상 영어가 아이에게 도움이 되려면, 우선 아이가 수업을 듣는 시간을 지루해하거나 힘들게 느끼지 않아야 하고, 또 수업 시간을 통해 배우는 것이 있어야 합니다. 이 두 가지가 충족되지 않는다면 화상 영어를 효과적으로 활용할 수 없습니다.

　　만약 아이가 수업 듣는 것을 어느 정도 편안하게 느끼고, 수업에서 새롭게 배우는 것이 있다면 어느 시점에 시작하더라도 도움이 됩니다. 아이가 영어를 듣고 이해하고 읽을 수 있는 상태라면, 화상 영어 수업에서 말하기와 쓰기를 효과적으로 배울 수 있습니다.

화상 영어를 시작하기 전, 엄마표 영어로 기본 영어 학습 실천하기

1. 듣기: 1~2년 이상 충분한 듣기 노출을 하면서 원어민 선생님의 말을 듣고 이해할 수 있는 준비를 한다.

2. 읽기: 파닉스를 익히고, 쉬운 문장은 스스로 읽을 수 있도록 연습하여 화상 수업에서 제공되는 교재를 읽을 수 있는 준비를 한다.

3. 말하기: 일상에서 엄마와 자주 영어로 대화하고, 내 생각을 영어로 말해 보면서 원어민 선생님의 질문에도 대답할 수 있도록 연습한다.

4. 쓰기: 아이 스스로 글을 쓸 수 있는 연습을 한다. 스스로 글을 쓸 수 있으면 선생님께 쓴 글을 교정 받고 부족한 부분을 배울 수 있다.

아이가 소리 내어 읽기(음독)를 하고 싶어 하지 않을 때는 어떻게 해야 하나요?

소리 내어 읽기(음독)는 영어를 외국어로 배우는 아이뿐만 아니라 영어권 아이들이 모국어를 배울 때에도 중요한 습득 방법입니다. 하지만 아이가 소리 내어 읽기를 하고 싶어하지 않는 경우도 있습니다. 저희 아이들도 스스로 읽는 것이 어느 정도 편해진 뒤에는 눈으로만 읽는 것(묵독)을 선호하고, 소리 내어 읽기를 거부하는 시기가 있었어요. 저는 그때 아이에게 왜 음독이 중요한지 이야기해 준 뒤, 아이가 납득할 수 있는 분량만 소리 내어 읽게 하고 나머지는 눈으로 읽게 했어요. 무엇보다 중요한 것은 아이가 책 읽는 재미를 유지하는 것이니 이를 우선순위로 두었습니다.

저는 "그래, 소리 내어 읽는 것이 쉬운 일은 아니야. 엄마도 오랫동안 소리 내어 읽는 것은 힘들다고 생각해." 하고 아이의 마음을 알아 준 뒤, "우리가 우리나라에서는 영어로 말할 기회가 잘 없으니 소리 내어 읽어야 영어를 잊어버리지 않고 더 연습할 수 있어."라고 말해 주었습니다. "눈으로만 읽는 것보다 소리 내어 읽을 때 단어가 더 잘 머리에 기억된대. 신기하지?"라고도 해 주었어요. "너무 많이 소리 내어 읽는 것은 힘드니까 우리 한 챕터만(혹은 한 장만) 소리 내어 읽고 나머지는 눈으로 읽을까?"라고 하며 이렇게 조금이라도 음독을 유지할 수 있도록 도와주었어요.

노래 부르기도 소리 내어 읽는 것과 비슷한 효과가 있습니다. 저는 아이들과 노래 가사를 칠판에 적고 함께 부르는 활동을 자주 했어요. 아이들이 스스로 칠판에 적은 가사를 읽고 신나게 노래를 부르는 과정에서 자연스럽게 음독 효과를 얻을 수 있습니다.

음독하는 저자 아이의 모습

부록

부록1 단계별 리딩 타임용 영어책

　　요즘 아이들이 재미있게 읽는다는 책을 따라 사면, 우리 아이도 재미있게 읽는 경우가 많습니다. 하지만 수많은 아이가 좋아하는 베스트셀러도 우리 아이와는 맞지 않을 수 있고, 같은 수준의 책도 주제나 그림의 양에 따라 아이마다 느끼는 난이도가 다를 수 있습니다.

　　책을 고르는 가장 좋은 방법은 내 아이의 취향과 수준을 제일 잘 아는 엄마가 책 내용을 직접 살펴보고 고르는 것입니다. 또 아이가 현재 읽는 책과 비슷한 수준의 책을 보여 주거나 아이 스스로 흥미를 느끼는 것을 고르도록 할 수도 있습니다.

　　3단계에 다다른 아이는 스스로 읽는 연습을 하기 위해서 조금 쉬운 책을 읽습니다. 그러니 부모님께서 책을 읽어 주실 때만이라도 아이 스스로 읽을 수 있는 책보다 조금 더 수준이 높으면서도, 부모님이 읽어 주면 아이가 이해할 수 있는 수준의 그림책을 읽어 주시는 것이 좋습니다.

책을 매일 읽다 보면 추천 도서 리스트보다 10배, 20배가 넘는 양의 책을 읽게 될 수밖에 없습니다. 그러니 추천 도서 리스트의 책도 읽히시면서 동시에 아이의 현재 관심사와 수준에 맞는 다양한 책을 찾아주세요.

단어를 습득할 수 있는 첫 영어책

First 100 시리즈

① First 100 words (Priddy Books, Roger Priddy)
② First 100 Numbers (Priddy Books, Roger Priddy)
③ First 100: First Book of Colors Padded (Priddy Books, Roger Priddy)
④ First 100 Animals (Priddy Books, Roger Priddy)
⑤ First 100 Trucks: And Things That Go (Priddy Books, Roger Priddy)

Caroline Jayne Church 작가 시리즈

① Good night, I Love You (Scholastic, Caroline Jayne Church)

② Twinkle, Twinkle, Little Star (Scholastic, Caroline Jayne Church)

③ Rain, Rain, Go Away (Scholastic, Caroline Jayne Church)

④ I Love You Through and Through (Scholastic, Caroline Jayne Church)

음원이 함께 있는 노부영 시리즈

Rod Campbell

① Monster, Monster (제이와이북스, Mathew Price)

② Go Away, Mr. Wolf! (제이와이북스, Mathew Price Ltd)

③ Me! Me! ABC (제이와이북스, Harriet Ziefert)

④ Hooray for Fish (Walker Books, Lucy Cousins)

⑤ The Wheels on the Bus Go Round and Round (Child's Play, Annie Kubler)

⑥ Outdoor Opposites (Barefoot Books, Brenda Williams, Rachel Oldfield)

⑦ Dear Zoo (Little Simon, Rod Campbell)

① Maisy Goes Swimming (Candlewick Press, Lucy Cousins)

② Maisy's Big Flap Book (Candlewick Press, Lucy Cousins)

③ Maisy at the Farm (Candlewick Press, Lucy Cousins)

④ Where Does Maisy Live? (Candlewick Press, Lucy Cousins)

⑤ Where are Maisy's Friends? (Candlewick Press, Lucy Cousins)

 # 엄마가 읽어 주는 그림책

① Time to Pee! (Hyperion Books for Children, Mo Willems)

② Are You Ready to Play Outside? (Hyperion Books for Children, Mo Willems)

③ Can You Keep a Secret? (Penguin Australia, Pamela Allen)

④ Clifford the Big Red Dog (Scholastic, Norman Bridwell)

⑤ Merry Christmas, Big Hungry Bear! (The Blue Sky Press, Audrey Wood)

① Little Big Feelings: Sometimes I Am Angry (Campbell Books)

② Peppa Pig: Day at the Farm (Candlewick Entertainment)

③ Where's George's Dinosaur? (Penguin Books)

④ The Good Egg (HarperCollins, Jory John, Pete Oswald)

⑤ Fox in Socks (Random House Books for Young Readers, Dr. Seuss, Theodore Geisel)

① The Cat in the Hat (Random House Books for Young Readers, Dr. Seuss)

② The Day the Crayons Quit (Philomel Books, Drew Daywalt, Oliver Jeffers)

③ Five Minutes' Peace (Puffin Books, Jill Murphy)

④ Mmm, Coookies! (Scholastic Canada, Robert Munsch, Michael Martchenko)

⑤ Guess How Much I Love You (Candlewick, Sam McBratney, Anita Jeram)

3단계 아이 스스로 읽기 연습을 할 수 있는 리더스북

① The Berenstain Bears 12-book Phonics Fun (HaperCollins, Jan and Mike Berenstain)

② Sight Word Readers Parent Pack (Scholastic Teaching Resources)

③ Biscuit (My First I Can Read) (HarperCollins, Alyssa Satin Capucilli, Pat Schories)

④ Daniel Goes on an Egg Hunt: Ready-to-Read Pre-Level 1 (Daniel Tiger's Neighborhood) (Simon Spotlight, Maggie Testa, Jason Fruchter)

⑤ Frozen: Big Snowman, Little Snowman (Step into Reading)

(Penguin Random House, Disney, Tish Rabe)

① Barbie: On Your Toes (Step into Reading) (Random House Books for Young Readers, Apple Jordan, Karen Wolcott)

② The Lost Ship (Thomas & Friends) (Step into Reading) (Random House Books for Young Readers, Rev. W. Awdry, Richard Courtney)

③ Max at School (Max & Ruby) (Penguin Young Readers, Rosemary Wells, Andrew Grey)

④ Pinkalicious: Fairy House (HarperCollins, Victoria Kann)

⑤ World of Reading Marvel Super Hero Adventures: These are the Avengers (Level 1) (Marvel Press, Alexandria West, Derek Laufman, Marvel Press Artist)

1점대 이상

① Hi! Fly Guy (Cartwheel books, Tedd Arnold)

② I Want My Potty! (Anderson Press, Tony Ross)

③ Missy's Super Duper Royal Deluxe #1~4 Set (Scholastic, Susan Nees)

④ Monkey Me and the Golden Monkey: A Branches Book (Monkey Me #1) (Scholastic, Timothy Roland)

⑤ Press Start!: Super Rabbit Boy World! (Scholastic, Thomas Flintham)

① The Princess in Black (Candlewick Press, Shannon Hale, Dean Hale)

② Judy Moody was in a Mood (Candlewick, Peter H. Reynolds, Megan McDonald)

③ Stink: The Incredible Shrinking Kid (Candlewick Press, Megan McDonald, Peter H. Reynolds)

④ Lost Treasure of the Emerald Eye (Scholastic, Geronimo Stilton, Larry Keys, Matt Wolf)

⑤ Ivy and Bean (Chronicle Books, Annie Barrows, Sophie Blackall)

⑥ Dragon Masters #1: Rise of the Earth Dragon (Scholastic, Tracey West, Graham Howells)

⑦ Ready, Freddy!: Tooth Trouble (The Blue Sky Press, Abby Klein, John Mckinley)

⑧ Time Jumpers #1: Stealing the Sword (Scholastic, Wendy Mass, Oriol Vidal)

3점대 이상

① Diary of an Ice Princess #1: Snow Place Like Home (Scholastic, Christina Soontornvat)

② The Jesus Storybook Bible (Zonderkidz, Sally Lloyd-Jones)

③ Mac B., Kid Spy #1: Mac Undercover (Orchard Books, Mac Barnett, Mike Lowery)

④ Treehouse Storey - 10 Book Collection (Pan Macmillan, Andy Griffiths)

⑤ The Magic School Bus Discovery Set 1 (Scholastic)

① Claude in the City (Peachtree, Alex T. Smith)

② The Complete Franny K. Stein (Simon&Schutter Books for Young Readers, Jim Benton)

③ Dork Diaries 12 Books Collection Set (Simon and Schuster, Rachel Renee Russell)

④ Captain Underpants Color Collection (Scholastic, Dav Pilkey)

⑤ Shakespeare 16 Books Childrens Story Collection (Hachette Childrens Books, Andrew Matthews)

5점대 이상

① Diary of a Wimpy Kid: Book 1 (Harry N. Abrams, Jeff Kinney)

② Roald Dahl Collection Boxed Set (Penguin, Roald Dahl)

③ The Ramona Collection Vol. 1 (HarperCollins, Beverly Cleary)

④ The Chronicles of Narnia (HarperCollins, C. S. Lewis)

⑤ Harry Potter and the Chamber of Secrets (Scholastic US, J. K. Rowling)

단계별 영상

아이들은 영상 보는 것을 좋아합니다. 그래서 아이를 영상에 노출시키는 방법으로 영어 습득을 하게 하는 것은 어렵지 않습니다. 그러나 아이마다 좋아하는 영상이 다르고, 부모마다 교육적 가치관도 다르니 첫 에피소드 정도는 엄마, 아빠가 함께 영상 보기를 추천 드립니다. 함께 보면서 아이의 반응은 어떤지, 내가 아이에게 보여 주고 싶지 않은 내용이 나오지는 않는지 한 번쯤 살펴보는 것이 좋습니다.

Cocomelon
넷플릭스

Learn with Blippi
넷플릭스

Little Baby Bum
넷플릭스

Storybots: Laugh, Learn, Sing
넷플릭스

Rhyme Time Town Singalongs
넷플릭스

Team Zenko Go
넷플릭스

Peppa Pig
넷플릭스

Mickey Mouse Funhouse
디즈니 플러스

Ada Twist, Scientist
넷플릭스

Justin Time GO!
넷플릭스

Ridley Jones
넷플릭스

Charley Goes to School
넷플릭스

Sofia the First
디즈니 플러스

 **PJ Masks**
디즈니 플러스

 **Motown Magic**
넷플릭스

 **Chip and Potato**
넷플릭스

 **Bluey**
디즈니 플러스

 **Gabby's Dollhouse**
넷플릭스

 **Paw Patrol**
넷플릭스

 **Doc McStuffins**
디즈니 플러스

My Little
Pony:
Make Your
Mark
넷플릭스

Barbie :
Dreamhouse
Adventures
넷플릭스

Fancy
Nancy
디즈니 플러스

Veggie
Tales in the
City
넷플릭스

The Magic
School Bus
Rides Again
넷플릭스

Emily's
Wonder
Lab
넷플릭스

Phineas
and Ferb
디즈니 플러스

Monsters
at Work
디즈니 플러스

Lego
Friends:
The
Power of
Friendship
넷플릭스

Trolls:
The Beat
Goes On!
넷플릭스

A Little
Help with
Carol
Burnett
넷플릭스

The Boss
Baby:
Back in
Business
넷플릭스

Brainchild
넷플릭스

H2O:
Mermaid
Adventures
넷플릭스

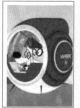

The Mr.
Peabody &
Sherman
Show
넷플릭스

Spirit
Riding Free
넷플릭스

부록 3 엄마, 아빠를 위한 일상 영어 문장

       엄마, 아빠가 일상에서 아이에게 자주 사용하는 영어 문장 리스트입니다. 리스트에 있는 문장을 한 번에 외우는 것은 어렵습니다. 그러니 오늘 사용할 표현 몇 개만 골라 사용해 보세요. 내가 하고 싶은 말을 영어 문장으로 떠올리는 것은 쉽지 않지만, 이미 알고 있는 문장을 그대로 말하는 건 쉬우니까요. 리스트에 있는 문장을 활용하여 아이에게 매일 조금씩 영어로 말을 걸어 주세요.

Good morning. Did you sleep well?
좋은 아침이야. 잘 잤어?

What did you dream about?
무슨 꿈 꿨어?

Let's have breakfast.
아침 식사하자.

Have a good day at kindergarten/school.
유치원에서 좋은 하루 보내.
학교에서 좋은 하루 보내.

Let's go to the playground after kindergarten/school.
유치원 끝나고 놀이터 가자.
학교 끝나고 놀이터 가자.

Put on your shoes.
신발을 신으렴.

Put on your bag.
가방을 매렴.

Hurry up. We might miss the bus.
서두르자. 버스 놓치겠다.

Hurry up. You don't want to be late for school.
학교에 늦지 않도록 서두르자.

날씨와 옷

It's hot/cold today.
오늘 날씨가 덥구나.
오늘 날씨가 춥구나.

Do you want me to turn on the fan/air conditioner?
선풍기 틀어 줄까?
에어컨 틀어 줄까?

Let's wear something cool/warm.
시원한 옷 입자.
따뜻한 옷 입자.

Put on your socks/sandals/sneakers/boots.
양말을 신으렴.
샌들을 신으렴.
운동화를 신으렴.
부츠를 신으렴.

You should wear a cardigan/jacket today.
오늘은 가디건을 입는 게 좋겠구나.
오늘은 자켓을 입는 게 좋겠구나.

I think it's going to rain today.
오늘 비 올 것 같아.

Open the umbrella.
우산을 펴라.

Close the umbrella.
우산 접으렴.

하원/하교 후

Did you have fun at kindergarten/school?
유치원에서 즐거웠니?
학교에서 즐거웠니?

How was your day today?
오늘 하루 어땠어?

I feel happy for you, too.
(네가 좋으니) 엄마도 기분이 좋아.

I feel sad for you, too.
(네가 슬프니) 엄마도 슬퍼.

Did you learn anything new today?
오늘 새롭게 배운 것 있어?

What was your favorite activity today?
오늘 가장 좋았던 활동은 뭐였어?

Who did you play with today?
오늘은 어떤 친구랑 놀았어?

What did you do with your friends?
친구랑 무엇을 하고 놀았니?

자연과 산책

Look at the sky.
하늘 좀 봐.

There are so many clouds.
구름이 많네.

I can't find a single cloud in the sky.
하늘에 구름이 하나도 없네.

The grass is green.
풀밭이 푸르네.

Flowers are blooming.
꽃이 피고 있구나.

It is a dandelion!
민들레꽃이야!

There is a purple flower.
보라색 꽃이야.

Do you want to smell the flower?
꽃향기 맡아 볼래?

Don't pick the flowers.
꽃을 뜯지 말자.

There is a butterfly/dragonfly on the flower.
꽃에 나비가 앉았네.
꽃에 잠자리가 앉았네.

Bees are flying around the flower.
벌이 꽃 주변을 날아다니는구나.

Ants are moving in a line.
개미들이 줄지어 가고 있어.

How many ants are there?
개미가 모두 몇 마리 있지?

Shall we find the ant's nest?
개미집을 찾아볼까?

Birds are singing.
새들이 지저귀네.

There are buds on the tree.
나무에 새싹이 돋아나고 있어.

Shall we count how many nests are there?
새 둥지가 몇 개 있는지 세어 볼까?

The leaves have turned red.
나뭇잎이 빨갛게 변했어.

There are fallen leaves on the ground.
낙엽이 땅에 떨어져 있어.

Snow is piled on the branches.
나뭇가지 위에 눈이 쌓여 있어.

There are footprints in the snow.
눈에 발자국이 생겼어.

화장실

Do you want to pee/poo?
쉬하고 싶어?
응가하고 싶어?

Go pee/poo.
가서 쉬하렴.
가서 응가하렴.

Pull down your pants and sit on the toilet.
바지를 내리고 변기에 앉으렴.

Mommy will wipe for you.
엄마가 닦아 줄게.

Do you want to wipe by yourself?
네가 스스로 닦아 볼래?

Flush the toilet.
물 내리렴.

Turn on the water.
물 틀으렴.

Turn off the water.
물 잠그렴.

Get your hands wet and put on some soap.
손에 물을 묻히고 나서 비누를 묻히렴.

Rub your hands together and make some bubbles.
두 손을 비벼서 거품을 만들어 보렴.

Wash the back of your hands, your wrists and between your fingers.
손등, 손목, 손가락 사이도 씻으렴.

Dry your hands with the towel.
수건으로 물기를 닦으렴.

Time to take a bath/shower.
목욕할 시간이야.
샤워할 시간이야.

Take off your clothes and get into the bathtub.
옷을 벗고 욕조에 들어가렴.

Put your clothes in the laundry basket.
옷은 세탁용 바구니에 넣으렴.

Let's shampoo your hair.
머리 감자.

Wash your body with the bodywash.
바디 샴푸로 몸 닦으렴.

It's time to brush your teeth.
양치할 시간이야.

Brush your teeth well.
이 잘 닦으렴.

You had sweets today, so let's brush some more.
오늘 단 음식 먹었으니까 조금 더 닦자.

Let's floss your teeth.
치실하자.

Rinse your mouth.
입 헹구렴.

Spit out the water.
물 뱉으렴.

식사 시간

It's time to eat.
밥 먹을 시간이야.

Go wash your hands.
손 닦고 오렴.

Who would like to help me set the table?
식탁 차리는 거 도와줄 사람?

Please put the spoons and chopsticks on the table.
식탁에 숟가락과 젓가락을 놓아주렴.

Sit at the table.
식탁에 앉으렴.

Can you wait until everyone sits?
모두 다 앉을 때까지 기다릴 수 있겠니?

Let's say grace before we eat.
감사 기도하고 먹자.

Chew it well.
꼭꼭 씹으렴.

Which dish is your favorite?
어떤 요리가 제일 좋아?

It will make your bones stronger and make you taller.
뼈가 튼튼해지고 키가 쑥쑥 클 거야.

You can stop eating if you don't want to eat.
먹기 싫으면 그만 먹어도 돼.

Did you finish?
다 먹었니?

Do you want some more?
더 줄까?

Put the dishes into the sink/dishwasher.
그릇을 싱크대에 넣으렴.
그릇을 식기세척기에 넣으렴.

There is water in the fridge.
냉장고 안에 물 있어.

Would you like to pour some water into your cup?
컵에 물을 따라 볼래?

Well done! You poured it well!
잘했어. 잘 따랐네.

영상 시청

What do you want to watch today?
오늘은 뭐 보고 싶어?

Do you want to watch Blippi or Ms. Rachel?
블리피 볼래, 아니면 미스 레이첼 볼래?

You want to watch Blippi.
너 블리피가 보고 싶구나.

Okay. Let's watch Blippi.
알았어. 블리피 보자.

We will watch one episode.
한 에피소드만 보는 거야.

I will turn it off after 5 minutes.
5분 뒤에 끌게.

Okay. One episode is finished.
자, 한 에피소드가 끝났다.

Let's turn off the TV.
이제 TV 끄자.

Do you want to turn off the TV by yourself with the remote?
네가 리모컨으로 TV를 끌래?

Let's have some snacks after watching the video.
영상 보고 간식 먹자.

Let's go to the playground after watching the video.
영상 보고 놀이터 가자.

독서 시간

It is time for a bedtime story.
자기 전에 책을 읽을 시간이야.

I am going to pick one book that I want to read, and you are going
to pick one book that you want to read.
내가 읽고 싶은 책 한 권, 네가 읽고 싶은 책 한 권씩 각자 골라 보자.

Mommy prepared a fun book for you! Tada~!
엄마가 널 위해 재미있는 책을 준비했어! 짜잔~!

Which book would you like to read?
너는 어느 책을 읽고 싶어?

Why did you choose this book?
왜 이 책을 골랐어?

Do you think this book will be fun?
이 책이 재미있을 깃 같아?

I also want to know what the story is about.
나도 어떤 내용일지 궁금해.

Let's read it.
읽어 보자.

자기 전에

We are going to sleep at nine o'clock.
9시에 잘 거야.

It is time to turn off the light.
불 끌 시간이야.

Put on your pajamas.
잠옷 입으렴.

Which toy do you want to sleep with?
어떤 장난감을 데리고 자고 싶어?

I will close the door halfway.
방문을 반만 닫을게.

I will leave the door slightly opened.
방문을 조금만 열어 둘게.

Is it okay if I close the door?
방문을 닫아도 괜찮겠어?

It is too late. Let's go to bed quickly.
너무 늦었어. 빨리 자자.

What do you want to do when you wake up tomorrow morning?
내일 아침에 일어나서 뭐하고 싶어?

You have a piano class tomorrow.
내일은 피아노 수업이 있는 날이야.

Let's go to the park tomorrow.
내일은 공원에 가 보자.

Pray before you go to sleep.
기도하고 자렴.

Good night.
잘 자렴.

Sweet dreams.
좋은 꿈 꿔.

야외 놀이

Let's go ride a scooter/bike.
킥보드 타러 가자.
자전거 타러 가자.

Be careful not to fall.
넘어지지 않게 조심해.

Be careful not to bump into other people.
다른 사람이랑 부딪히지 않게 조심해.

Don't go near the stairs.
계단 가까운 곳에는 가지 마.

Let's not ride down the hill. It is dangerous.
내리막길에서는 타지 말자. 위험해.

Try to turn slowly.
천천히 돌아봐.

Put on your helmet.
헬멧 쓰렴.

Did you put on the safety gear?
보호 장비 착용했어?

Don't ride too fast.
너무 빠르게 타지 마.

Don't go near the cars.
차가 있는 곳 가까이는 가지 마.

You have to get off the bike and walk on the crosswalk.
횡단보도에서는 자전거에서 내려서 걸어야 해.

It's time to clean up.
정리할 시간이야.

Put the book on the shelf.
책은 책장에 꽂으렴.

Let's pick up the toys on the floor.
바닥에 있는 장난감을 줍자.

Put your toys away.
장난감을 정리하렴.

Put the toys in the toy box.
장난감을 장난감 통에 넣으렴.

Put the toys back where they were.
장난감은 제자리에 두렴.

Put the toys in the toy room.
장난감은 장난감 방에 가져다 두렴.

Open the window and let's get some fresh air.
창문을 열고 신선한 공기를 마시자.

우리 아이
첫 영어 공부

1판 1쇄 펴냄 | 2023년 3월 31일
1판 2쇄 펴냄 | 2023년 4월 14일

지은이 | 안세옥
발행인 | 김병준
편집 | 박유진
마케팅 | 김유정·차현지
디자인 | 권성민
발행처 | 상상아카데미

등록 | 2010. 3. 11. 제313-2010-77호
주소 | 서울시 마포구 독막로6길 11(합정동), 우대빌딩 2, 3층
전화 | 02-6953-8343(편집), 02-6925-4188(영업)
팩스 | 02-6925-4182
전자우편 | main@sangsangaca.com
홈페이지 | http://sangsangaca.com

ISBN 979-11-85402-80-2 (03370)